依据全国会计从业资格无纸化考试最新大纲编写

U0558960

财经法规与会计职业道德
核心考点全攻略

会计从业资格考试命题研究组 编

经济管理出版社
ECONOMY & MANAGEMENT PUBLISHING HOUSE

图书在版编目（CIP）数据

财经法规与会计职业道德核心考点全攻略/会计从业资格考试命题研究组编 . —北京：经济管理出版社，2016.3

ISBN 978 - 7 - 5096 - 4239 - 9

Ⅰ.①财… Ⅱ.①会… Ⅲ.①财政法—中国—会计—资格考试—自学参考资料 ②经济法—中国—会计—资格考试—自学参考资料 ③会计人员—职业道德—资格考试—自学参考资料 Ⅳ.①D922.2 ②F233

中国版本图书馆 CIP 数据核字（2016）第 022553 号

组稿编辑：杜　菲
责任编辑：杜　菲
责任印制：司东翔
责任校对：车立佳

出版发行：经济管理出版社
　　　　　（北京市海淀区北蜂窝 8 号中雅大厦 A 座 11 层　100038）
网　　址：www. E - mp. com. cn
电　　话：(010) 51915602
印　　刷：三河市延风印装有限公司
经　　销：新华书店
开　　本：720mm × 1000mm/16
印　　张：11. 25
字　　数：284 千字
版　　次：2016 年 3 月第 1 版　　2016 年 3 月第 1 次印刷
书　　号：ISBN 978 - 7 - 5096 - 4239 - 9
定　　价：39. 80 元

前　言

本书编写的初衷是让考生迅速地明确考点并加以记忆，轻松应对会计从业资格考试。一些考生自己看教材，把握不准考点，书上画得黄的绿的什么都有，可什么也记不住。其实会计从业资格考试是有一定的命题规律可循的。从历年的会计从业资格考试来看，考的都是基本的知识，难度并不大。只要考生把握核心考点，就能轻松应对考试。

本套辅导教材主要特点如下：

一、章节总结

本书编者对考试大纲进行了深入细致的研究，大纲中的考点在书中均得到充分体现。在每一章的开头，我们都会描述此章节考点分布情况，帮助考生明确章节重点，从而合理地分配时间。

二、重点突出

本书通过考试大纲重点分布告诉考生哪些知识点是要求"了解"的，哪些知识点是要求"熟悉"的，哪些知识点是要求"掌握"的，这样可以帮助考生快速确定核心考点。本书最大的特色就是考点明确，重点突出，内容凡是涉及考点的均用下划线标注。

三、习题精解

本书每节后均有配套的习题，且每题后均有详细的解析。习题能帮助考生了解考试题型及巩固所学知识。

四、图文并茂

本书重点、难点知识均配有相应的图表，帮助大家轻松理解和记忆知识。

本书严格按照新大纲编写。全新的大纲、全新的内容、全新的理念。考生可以登录大易网校官网 www. kaoshi60. cn 或关注大易网校官方微信（微信号：考试60），实时关注最新考试动态及相关考试内容。

本书编写虽然力求完美，但由于时间有限，本套辅导教材如有不足之处，希望广大读者多提宝贵意见。

会计从业资格考试命题研究组

目　　录

第一章　会计法律制度 ·· 1

　　第一节　会计法律制度的概念与构成 ························· 1

　　第二节　会计工作管理体制 ································· 5

　　第三节　会计核算 ··· 10

　　第四节　会计监督 ··· 17

　　第五节　会计机构与会计人员 ······························ 25

　　第六节　法律责任 ··· 35

第二章　结算法律制度 ·· 41

　　第一节　现金结算 ··· 41

　　第二节　支付结算概述 ····································· 44

　　第三节　银行结算账户 ····································· 48

　　第四节　票据结算方式 ····································· 57

　　第五节　银行卡 ··· 71

　　第六节　其他结算方式 ····································· 75

第三章　税收法律制度 ·· 83

　　第一节　税收概述 ··· 83

　　第二节　主要税种 ··· 89

　　第三节　税收征收管理 ····································· 118

第四章　财政法律制度 ·· 132

　　第一节　预算法律制度 ····································· 132

　　第二节　政府采购法律制度 ································· 141

　　第三节　国库集中收付制度 ································· 150

第五章　会计职业道德····························155
　　第一节　会计职业道德概述·······················155
　　第二节　会计职业道德规范的主要内容···············160
　　第三节　会计职业道德教育·······················166
　　第四节　会计职业道德建设组织与实施···············168
　　第五节　会计职业道德的检查和奖惩···············170

第一章 会计法律制度

章节简介

本章主要介绍了会计法律制度的概念与构成、会计工作管理体制、会计核算、会计监督、会计机构和会计人员及法律责任等，其中会计核算、会计监督、会计机构和会计人员以及法律责任为重点内容。

第一节 会计法律制度的概念与构成

考纲重点分布

一、会计法律制度的 概念与构成	1. 会计法律制度的概念	了解
	2. 会计法律制度的构成	掌握

考点精解

一、会计法律制度的概念

考点 会计法律制度的概念

会计法律制度是指国家权力机关和行政机关制定的，用以调整会计关系的各种法律、法规、规章和规范性文件的总称。会计关系是指会计机构和会计人员在办理会计事务过程中以及国家在管理会计工作过程中发生的各种经济关系。会计法律制度是我国经济法律制度的重要组成部分，是调整会计关系的法律规范。

总结：

（1）制定机关：权力机关和行政机关。

（2）调整对象：会计关系。

（3）会计法律制度：法律、法规、规章和规范性文件的<u>总称</u>。

二、会计法律制度的构成

我国已形成了以《中华人民共和国会计法》为主体，由会计法律、会计行政法规、会计部门规章和地方性会计法规有机构成的会计法律制度体系。其中会计法律的效力最高。

考点1 会计法律

会计法律是指由<u>全国人民代表大会及其常务委员会</u>经过一定立法程序制定的有关会计工作的法律。我国目前有两部会计法律，分别是<u>《中华人民共和国会计法》</u>（以下简称《会计法》）和<u>《中华人民共和国注册会计师法》</u>（以下简称《注册会计师法》）。

1.《会计法》

1985年1月21日第六届全国人大常委会第九次会议通过。

<u>1993年12月29日第八届全国人大常委会第五次会议第一次修订</u>。

<u>1999年10月31日第九届全国人大常委会第十二次会议修订通过</u>。

<u>2000年7月1日起开始实施</u>。

《会计法》是我国会计工作中根本性法律，是会计法律制度中<u>层次最高</u>的法律规范，<u>是指导会计工作的最高准则，也是制定其他会计法规的依据</u>。

我国国家机关、社会团体、公司、企业、事业单位和其他组织必须依照《会计法》办理会计事务。

2.《注册会计师法》

1993年10月31日，第八届全国人大常委会第四次会议审议通过了以中华人民共和国第13号主席令颁布的《注册会计师法》，于1994年1月1日开始实施。该法主要规定了注册会计师的考试与注册、承办的业务范围和规则、会计师事务所以及会计师协会的相关问题，并对注册会计师有关的法律责任作出了明确的规定。<u>该法是我国中介行业的第一部法律，是规范注册会计师及其行业行为规范的最高准则</u>。

总结：

（1）制定机关：<u>全国人民代表大会及其常务委员会</u>。

（2）效力：会计法规体系中会计法律的效力最高。

（3）我国目前有两部会计法律，分别是<u>《会计法》和《注册会计师法》</u>。

考点2 会计行政法规

会计行政法规是指由<u>国务院</u>制定并发布，或者<u>国务院有关部门</u>拟定并经国务院批准发布，调整经济生活中<u>某些方面</u>会计关系的法律规范。我国当前施行的会计行政法规有两部，分别是<u>《企业财务会计报告条例》和《中华人民共和国总会计师条例》</u>。

《企业财务会计报告条例》是国务院2000年6月21日颁布并于2001年1月1日起施行的，是对《会计法》中有关财务会计报告规定的细化。<u>它主要规定了企业财务会计报告的构成、编制、对外提供、法律责任等内容</u>。

《中华人民共和国总会计师条例》是国务院1990年12月31日发布的，是对《会计法》中有关规定的细化和补充，对总会计师的设置、任职条件、职责权限等进行了明确的规定，<u>特别规定了全民所有制大、中型企业应当设置总会计师</u>，并规定设置总会计师的单位，在单位行政领导成员中，不得设置与总会计师职权重叠的副职。

总结：

（1）制定机关：国务院或国务院有关部门。

（2）效力：低于会计法律。

（3）我国目前有两部会计行政法规：《企业财务会计报告条例》和《中华人民共和国总会计师条例》。

考点3 会计部门规章

会计部门规章是指国家主管会计工作的行政部门即财政部门以及其他相关部委根据法律和国务院的行政法规、决定、命令，在本部门的权限范围内制定的、调整会计工作中某些方面内容的国家统一会计准则制度和规范性文件，包括国家统一的会计核算制度、会计监督制度、会计机构和会计人员管理制度及会计工作管理制度等。国务院其他部门根据其职责权限制定的会计方面的规范性文件也属于会计规章，但必须报财政部审核或者备案。会计部门规章不得与宪法、法律和行政法规相违背，其效力低于宪法、法律和行政法规。目前我国的会计部门规章主要有：《企业会计准则——基本准则》、《会计从业资格管理办法》、《财政部门实施会计监督办法》、《会计师事务所审批和监督暂行办法》、《注册会计师注册办法》等。

总结：

（1）制定机关：财政部门及其他相关部委。

（2）效力：会计部门规章不得与宪法、法律和行政法规相违背，其效力低于宪法、法律和行政法规。

（3）具体内容：包括国家统一的会计核算制度、会计监督制度、会计机构和会计人员管理制度及会计工作管理制度等。

（4）我国目前的会计部门规章有《企业会计准则——基本准则》、《会计从业资格管理办法》、《财政部门实施会计监督办法》、《会计师事务所审批和监督暂行办法》、《注册会计师注册办法》等。

考点4 地方性会计法规

地方性会计法规是指由省、自治区、直辖市人民代表大会或常务委员会在同宪法、会计法律、行政法规和国家统一的会计准则制度不相抵触的前提下，根据本地区情况制定发布的关于会计核算、会计监督、会计机构和会计人员以及会计工作管理的规范性文件。如《云南省会计条例》、《河北省会计条例》、《四川省会计管理条例》等。地方性会计法规仅在本行政辖区内有法律效力。

此外，实行计划单列市、经济特区的人民代表大会及其常务委员会，在宪法、法律和行政法规允许范围内也可制定会计规范性文件，也属于地方性会计法规。

总结：

（1）制定机关：省、自治区、直辖市人民代表大会或常务委员会。

（2）地方性会计法规仅在本行政辖区内有法律效力。

（3）地方性会计法规如《云南省会计条例》、《河北省会计条例》、《四川省会计管理条例》等。

总结：会计法律制度知识点如表1-1所示。

表1-1　会计法律制度知识点

构成	制定机关	内容	效力
会计法律	全国人大及其常委会	《中华人民共和国会计法》《中华人民共和国注册会计师法》	最高
会计行政法规	国务院	《企业财务会计报告条例》《中华人民共和国总会计师条例》	较高
会计部门规章	国务院财政部及其他相关部委	《会计从业资格管理办法》《企业会计准则——基本准则》《财政部门实施会计监督办法》	高
地方性会计法规	省、自治区、直辖市人民代表大会或常务委员会	《云南省会计条例》《河北省会计条例》	低

典型例题

【例题1·多选题】 下列各项中，属于会计法律制度的有（　　）。

A. 《会计法》　　　　　　　　　　B. 《小企业会计制度》

C. 《总会计师条例》　　　　　　　D. 单位内部会计核算流程

【答案】 ABC

【解析】 选项A属于会计法律；选项B属于会计部门规章；选项C属于会计行政法规；选项D属于企业内部的行为。

【例题2·多选题】 下列各项中，属于会计行政法规的有（　　）。

A. 《中华人民共和国总会计师条例》　　B. 《会计从业资格管理办法》

C. 《企业财务会计报告条例》　　　　　D. 《企业会计准则——基本准则》

【答案】 AC

【解析】 BD属于会计部门规章。

【例题3·判断题】 地方性会计法规是指由省、自治区、直辖市人民政府在同宪法、会计法律、行政法规和国家统一的会计准则制度不相抵触的前提下，根据本地区情况制定发布的规范性文件。（　　）

【答案】 ×

【解析】 地方性会计法规是指由省、自治区、直辖市"人民代表大会或常务委员会"在同"宪法、会计法律、行政法规和国家统一的会计准则制度"不相抵触的前提下，根据本地区情况制定发布的规范性文件。

【例题4·判断题】《中华人民共和国会计法》是我国会计工作的根本性法律，也是制定其他会计法规的依据。《企业会计准则——基本准则》是指导会计工作的最高准则。（　　）

【答案】 ×

【解析】《中华人民共和国会计法》是制定其他会计法规的依据，也是指导会计工作的最高准则。

【例题5·多选题】下列会计法律制度中，关于制定机关的说法正确的有（　　）。

A. 会计法律由全国人大及其常委会制定

B. 会计行政法规由国务院制定并发布或国务院有关部门拟定并经国务院批准发布

C. 会计部门规章由国务院制定并发布

D. 地方性会计法规是由省、自治区、直辖市人民代表大会或常务委员会制定发布的

【答案】ABD

【解析】会计部门规章是由财政部以及其他相关部委发布的。

第二节　会计工作管理体制

考纲重点分布

二、会计工作管理体制	1. 会计工作的行政管理	熟悉
	2. 会计工作的行业自律	了解
	3. 单位内部的会计工作管理	掌握

考点精解

会计工作管理体制是指国家管理会计工作的组织形式与基本制度，是贯彻落实国家会计法律、法规、规章、制度和方针、政策的组织保障和制度保障。会计工作管理体制主要包括会计工作的行政管理、会计工作的行业管理和单位内部的会计工作管理等。

一、会计工作的行政管理

考点1　会计工作行政管理体制

我国会计工作管理体制实行统一领导、分级管理的原则。《会计法》第7条规定，国务院财政部门主管全国的会计工作，县级以上地方各级人民政府财政部门管理本行政区域内的会计工作。

此外，财政部门与其他政府管理部门在管理会计事务中相互协作、相互配合。《会计法》第33条规定，财政、审计、税务、人民银行、证券监管、保险监管、银行监管等部门应当依照有关法律、行政法规规定的职责，对有关单位的会计资料实施监督检查。

总结：

（1）原则：统一领导、分级管理。

（2）统一领导：国务院财政部门主管全国的会计工作。

（3）分级管理：县级以上地方各级人民政府财政部门管理本行政区域内的会计工作。

（4）财政、审计、税务、人民银行、证券监管、保险监管、银行监管等部门应当依照有关法律、行政法规规定的职责，对有关单位的会计资料实施监督检查。

考点 2 会计工作行政管理的内容

1. 制定国家统一的会计准则制度

会计准则制度及相关标准规范的制定和组织实施是财政部门管理会计工作的一项最基本的职能。它是保证会计信息质量可靠、维护社会主义市场经济秩序稳定的重要保障。

（1）制定权限。

1）国务院财政部门根据《会计法》制定国家统一的会计准则制度并公布。

2）国务院有关部门可以依照《会计法》和国家统一的会计准则制度制定对会计核算和会计监督有特殊要求的行业实施国家统一的会计准则制度的具体办法或者补充规定，报国务院财政部门审核批准。

3）中国人民解放军总后勤部可以依照《会计法》和国家统一的会计准则制度制定军队实施国家统一的会计准则制度的具体办法，报国务院财政部门备案。

（2）国家统一的会计准则制度主要包括：

1）国家统一的会计核算制度。

2）国家统一的会计监督制度。

3）国家统一的会计机构和会计人员管理制度。

4）国家统一的会计工作管理制度。

2. 会计市场管理

财政部门是会计工作和注册会计师行业的主管部门，履行相应的会计市场管理职责。财政部门对违反会计法律、行政法规规定、扰乱会计秩序的行为，有权管理和规范。会计市场的管理包括会计市场的准入管理、过程监管和退出管理。

（1）会计市场的准入管理。是指财政部门对会计从业资格的取得、代理记账机构的设立、注册会计师资格的取得及注册会计师事务所的设立等进行的条件设定。

（2）会计市场的运行管理。是指财政部门对获准进入会计市场的机构和人员是否遵守各项法律法规执行业务所进行的监督和检查。

（3）会计市场的退出管理。是指财政部门对在职业过程中违反《会计法》、《注册会计师法》行为的机构和个人进行处罚，情节严重的，吊销其职业资格，强制其退出会计市场。

此外，对会计出版市场、培训市场、境外"洋资格"的管理等也属于会计市场管理的职能。

3. 会计专业人才评价

目前我国已经基本形成阶梯式的会计专业人才评价机制，包括初级、中级、高级会计人才评价机制以及会计行业领军人才培养评价体系等。此外，财政部门和地方财政部门对先进会计工作者的表彰奖励也属于会计人才评价的范畴。

4. 会计监督检查

（1）对会计信息质量的检查。财政部组织实施全国会计信息质量的检查工作，并依法对违法行为实施行政处罚；县级以上财政部门组织实施本行政区域内的会计信息质量检查工作，并依法对本行政区域单位或人员的违法行为实施行政处罚。

（2）对会计师事务所执业质量的检查。财政部组织实施全国会计师事务所的执业质量检查工作，并依法对违反《注册会计师法》的行为实施行政处罚。省、自治区、直辖市人民政府财政部门组织实施本行政区域内的会计师事务所执业质量检查，并依法对本行政区域内会计师事务所或注册会计师违反《注册会计师法》的行为实施行政处罚。

（3）对会计行业自律组织的监督、指导。财政部门对会计市场进行监管，还应依法加强对会计行业自律组织的监督、指导。我国会计行业的协会主要指中国注册会计师协会以及各省级注册会计师协会。学会主要指中国会计学会和地方会计学会，此外还有一部分分行业、分专业的会计学会。财政部和省、自治区、直辖市人民政府财政部门，依据《注册会计师法》对注册会计师协会进行监督、指导。中国会计学会接受财政部的业务指导、监督和管理，地方会计学会接受同级财政部门的业务指导、监督和管理。

二、会计工作的行业自律

考点 会计工作的行业自律

我国会计工作的自律管理包括中国注册会计师协会的自律管理、中国会计学会的自律管理及中国总会计师协会的自律管理。

1. 中国注册会计师协会

中国注册会计师协会是依据《注册会计师法》和《社会团体登记条例》的有关规定，在财政部和理事会领导下开展行业管理和服务的法定组织。

2. 中国会计学会

中国会计学会创建于1980年，是财政部所属由全国会计领域各类专业组织以及会计理论界、实务界会计工作者自愿结成的学术性、专业性、非营利性社会组织。

3. 中国总会计师协会

中国总会计师协会是经财政部审核同意、民政部正式批准，依法注册登记成立的跨地区、跨部门、跨行业、跨所有制的非营利性国家一级社团组织，是总会计师行业的全国性自律组织。

三、单位内部的会计工作管理

我国财政部门对会计工作的管理是一种社会管理，属于外部管理活动，而单位作为法人独立进行的会计核算属于单位内部的管理活动。会计人员从事会计工作，应由所在单位负责组织管理。单位内部的会计工作管理主要包括单位负责人的职责、会计机构的设置、会计人员的选拔任用及会计人员回避制度等。

考点1 单位负责人的职责

《会计法》规定，单位负责人对本单位的会计工作和会计资料的真实性和完整性负责；应当保证财务会计报告真实、完整；应当保证会计机构和会计人员依法履行职责，不得授意、指使、强令会计机构和会计人员违法办理会计事项。由此可见，单位负责人是单位的会计责任主体。这里所讲的单位负责人是指单位法定代表人或者法律、行政法规规定代表单位行使职权的主要负责人。

单位负责人主要有两类：

（1）法人企业：单位的法定代表人（也称法人代表），即依法代表法人单位行使职权的负责人，如国有工业企业的厂长（经理）、公司制企业的董事长、国有机关的最高行政官员等。

（2）非法人企业：按照法律、行政法规的规定代表非法人单位行使职权的负责人，如代表合伙企业执行合伙企业事务的合伙人、个人独资企业的投资人等。

考点2 会计机构的设置

《会计法》第36条规定，各单位应当根据会计业务的需要，设置会计机构，或者在有关机构中设置会计人员并指定会计主管人员；不具备设置条件的，应当委托经批准设立从事会计代理记账业务的中介机构代理记账。国有的和国有资产占控股地位或者主导地位的大、中型企业必须设置总会计师。总会计师的任职资格、任免程序、职责权限由国务院规定。

一个单位是否需要设置会计机构一般取决于以下几个因素：

（1）单位规模的大小。从有效发挥会计职能作用的角度来看，实行企业化管理的事业单位、大、中型企业应当设置会计机构；业务较多的行政单位，社会团体和其他组织也应设置会计机构。而对那些规模较小的企业、业务和人员都不多的行政单位等，可以不单独设置会计机构，将会计业务并入其他职能部门或者委托代理记账。

（2）经济业务和财政收支的繁简。大、中型单位的经济业务复杂多样，在会计机构和会计人员的设置上应考虑全面、合理、有效的原则，但是也不能忽视单位经济业务的性质和财务收支的繁简问题。有些单位的规模相对较小，但其经济业务复杂多样，财务收支频繁，也要设置相应的会计机构和人员。

（3）经营管理的要求。经营管理上对会计机构和会计人员的设置要求是最基本的，如果没有经营管理上对会计机构和会计人员的要求，也就不存在单位对会计的要求。单位设置会计机构和人员的目的就是为了适应单位在经营管理上的需要。

考点3 会计人员的选拔任用

1. 从事会计工作的人员

从事会计工作的人员必须取得会计从业资格证书。

2. 担任单位会计机构负责人

担任单位会计机构负责人（会计主管人员）的，除取得会计从业资格证书外，还应当具备会计师以上专业技术职务资格或者从事会计工作3年以上经历。

3. 担任总会计师

担任总会计师应当在取得会计师任职资格后主管一个单位或者单位内一个重要方面的财务会计工作不少于3年。

【提示】财政部门只对从事会计工作人员的相关资格条件进行统一规定，会计人员取得相关资格或符合有关条件后，能否具体从事相关工作，由所在单位自行决定。单位要加强对本单位会计人员的管理，依法合理设置会计岗位，督促会计人员按照国家统一的会计制度的规定进行会计核算和监督。

考点4 会计人员回避制度

1. 适用范围

《会计基础工作规范》中规定，国家机关、国有企业、事业单位聘任会计人员应当实行回避制度。

2. 内容

（1）单位负责人的直系亲属不得担任本单位的会计机构负责人、会计主管人员。

（2）会计机构负责人、会计主管人员的直系亲属不得在本单位会计机构中担任出纳工作。

【提示】直系亲属包括夫妻关系、直系血亲关系、三代以内旁系血亲以及近姻亲关系。直系血亲包括有自然联系的亲属，如父母和子女之间的关系，还包括本来没有自然的或者直接的血缘关系，但法律上确定其地位与血亲相等，如养父母和养子女之间的关系；三代以内旁系血亲关系包括自己的兄弟姐妹及其子女与父母的兄弟姐妹及其子女；近姻亲关系则指配偶的父母、兄弟姐妹，儿女的配偶及儿女配偶的父母。

典型例题

【例题1·单选题】全国会计工作的主管单位是（   ）。

A. 财政部　　　B. 国家税务总局　　　C. 审计署　　　D. 商务部

【答案】A

【解析】《会计法》第7条规定，国务院财政部门主管全国的会计工作，县级以上地方各级人民政府财政部门管理本行政区域内的会计工作。

【例题2·单选题】下列公司人员中，（   ）应当对本公司的会计工作和会计资料的真实性、完整性负责。

A. 某有限责任公司的财务总监　　　B. 某有限责任公司的经理

C. 某有限责任公司的董事长　　　D. 某合伙企业的合伙人

【答案】C

【解析】本题考核的是单位负责人的相关知识。单位负责人对本单位的会计工作和会计资料的真实性、完整性负责。公司制企业单位负责人是董事长。合伙企业的单位负责人是代表合伙企业执行合伙企业事务的合伙人。

【例题3·判断题】单位会计机构负责人对本单位的会计工作和会计资料的真实性、完整性负责。（   ）

【答案】×

【解析】单位负责人对本单位的会计工作和会计资料的真实性、完整性负责。

【例题4·判断题】某私有企业的单位负责人李先生，任命自己的儿子为该企业的会计机构负责人，则违反了会计人员的回避制度。（   ）

【答案】×

【解析】根据《会计基础工作规范》规定：国家机关、国有企业、事业单位聘任会计人员应当实行回避制度。

【例题5·多选题】下列各项中，属于会计市场准入管理的有（   ）。

A. 会计从业资格的取得　　　B. 会计师事务所的设立

C. 代理记账机构的设立　　　D. 注册会计师资格的取得

【答案】ABCD

【解析】会计市场准入包括会计从业资格的取得、会计师事务所的设立、代理记账机构的设立及注册会计师事务所的设立等。

【例题6·多选题】下列各项中，属于会计工作行政管理的有（　　）。

A. 会计监督检查　　　　　　　B. 会计市场管理

C. 会计专业人才评价　　　　　D. 制定国家统一的会计准则制度

【答案】ABCD

【解析】会计工作行政管理包括制定国家统一的会计准则制度、会计市场管理、会计专业人才评价和会计监督检查。

【例题7·单选题】下列各项中，属于单位会计机构负责人必须具备的条件是（　　）。

A. 取得会计从业资格证书，且具备会计师以上专业技术职务资格或者从事会计工作的经历为1年以上

B. 取得会计从业资格证书，且具备会计师以上专业技术职务资格或者从事会计工作的经历为2年以上

C. 取得会计从业资格证书，且具备会计师以上专业技术职务资格或者从事会计工作的经历为3年以上

D. 取得会计从业资格证书，且具备会计师以上专业技术职务资格或者从事会计工作的经历为5年以上

【答案】C

【解析】担任单位会计机构负责人（会计主管人员）的，除取得会计从业资格证书外，还应当具备会计师以上专业技术职务资格或者从事会计工作3年以上经历。

【例题8·多选题】下列各项中属于决定单位是否需要设置会计机构的因素的有（　　）。

A. 单位规模的大小　　　　　　B. 单位的盈利情况

C. 经济业务和财务收支的繁简　D. 经营管理的要求

【答案】ACD

【解析】一个单位是否需要设置会计机构，一般取决于如下因素：单位规模的大小；经济业务和财务收支的繁简；经营管理的要求。

第三节　会计核算

考纲重点分布

三、会计核算	1. 总体要求	掌握
	2. 会计凭证、会计账簿和财务报表	了解
	3. 会计档案管理	掌握

考点精解

会计核算是会计的基本职能之一，是会计工作的重要组成部分。为规范会计核算，我

国会计法律制度对会计核算的依据、会计资料的基本要求、会计凭证、会计账簿、财务会计报告、会计档案管理等作出了统一规定。

一、总体要求

考点1　会计核算的依据

《会计法》第9条规定，各单位必须根据实际发生的经济业务事项进行会计核算，填制会计凭证，登记会计账簿，编制财务会计报告。任何单位不得以虚假的经济业务事项或者资料进行会计核算。

1. 会计核算必须以实际发生的经济业务事项为依据

实际发生的经济业务事项，是指各单位在生产经营或预算执行过程中发生的包括引起或未引起资金增减变化的经济活动。需要说明的是：并非所有实际发生的经济业务事项都需要进行会计记录和会计核算。如签订合同或协议的经济业务事项，在签订合同或协议时往往无需进行会计核算，只有当实际履行合同或协议并引起资金运动时，才需要对这一经济业务事项如实记录和反映，进行会计核算。以实际发生的经济业务事项为依据进行会计核算，是会计核算客观性原则的要求，是保证会计信息真实可靠的重要前提。

2. 以虚假的经济业务事项或者资料进行会计核算，是一种严重的违法行为

没有经济业务事项，会计核算就失去了对象；以不真实甚至虚拟的经济业务事项为核算对象，会计核算就没有规范、没有约束、没有科学，据此提供的会计资料不仅没有可信度，而且会误导使用者，扰乱社会经济秩序。

考点2　对会计资料的基本要求

会计资料是指在会计核算过程中形成的，记录和反映实际发生的经济业务事项的会计专业资料。主要包括会计凭证、会计账簿、财务会计报告和其他会计资料。

1. 会计资料的生成和提供必须符合国家统一的会计准则制度的规定

会计凭证、会计账簿、财务会计报告和其他会计资料，必须符合国家统一的会计准则制度的规定。使用电子计算机进行会计核算的，其软件及其生成的会计凭证、会计账簿、财务会计报告和其他会计资料，也必须符合国家统一的会计准则制度的规定。

2. 提供虚假的会计资料是违法行为

《会计法》准则规定，会计凭证、会计账簿、财务会计报告和其他会计资料，必须符合国家统一的会计准则制度的规定。任何单位和个人不得伪造、变造会计凭证、会计账簿及其他会计资料，不得提供虚假的财务会计报告。

（1）伪造会计资料：是指以虚假经济业务或者资金往来为前提，编制虚假的会计凭证、会计账簿和其他会计资料的行为（无中生有）。

（2）变造会计资料：是指用涂改、挖补等手段来改变会计凭证、会计账簿和其他会计资料的行为（篡改事实）。

（3）提供虚假的财务会计报告：是指通过编制虚假的会计凭证、会计账簿和其他会计资料或者直接篡改财务会计报告上的数据，使财务会计报告不真实、不完整地反映企业的财务状况和经营成果，借以误导和欺骗会计资料使用者的行为（以假乱真）。

二、会计凭证

会计凭证是指记录经济业务发生或完成情况的书面证明，是登记账簿的依据。每个企

业都必须按一定的程序填制和审核会计凭证，根据审核无误的会计凭证进行账簿登记，如实反映企业的经济业务。《会计法》对会计凭证的种类、取得、审核、更正等内容进行了规定。

《会计法》第14条规定，会计凭证包括原始凭证和记账凭证。

【提示】原始凭证记载的各项内容均不得涂改；原始凭证有错误的，应当由出具单位重开或者更正，更正处应当加盖出具单位印章。原始凭证金额有错误的，应当由出具单位重开，不得在原始凭证上更正。

三、会计账簿

会计账簿是指由一定格式的账页组成的，以经过审核的会计凭证为依据，全面、系统、连续地记录各项经济业务的簿籍。会计账簿是会计资料的重要组成部分，也是会计信息的主要载体之一。它是连接会计凭证与财务会计报告的中间环节。

依法设置会计账簿，是单位进行会计核算的最基本要求之一。各单位发生的各项经济业务事项应当在依法设置的会计账簿上统一登记、核算，不得违反《会计法》和国家统一的会计准则制度的规定私设会计账簿登记、核算。

【提示】账目核对也称对账，是保证会计账簿记录质量的重要程序。会计账簿的核对，就是定期将会计账簿记录与实物、款项及有关资料相互核对，会计账簿记录与会计凭证相互核对，会计账簿记录与财务会计报告相互核对，会计账簿之间相互核对，做到互相符合。对账工作每年至少进行1次。财务工作中所称的"四账相符"是指：

(1) 账实相符：会计账簿记录与实物及款项的实有数额相符。
(2) 账证相符：会计账簿记录与会计凭证的有关内容相符。
(3) 账账相符：会计账簿之间相对应的记录相符。
(4) 账表相符：会计账簿记录与会计报表有关内容相符。

四、财务报表

财务报表是对企业财务状况、经营成果和现金流量的结构性表述。财务报表至少应当包括：资产负债表、利润表、现金流量表、所有者权益变动表、附注。

财务报表由单位负责人和主管会计工作的负责人、会计机构负责人（会计主管人员）签名并盖章；设置总会计师的单位，还须由总会计师签名并盖章。单位负责人应当保证财务报表真实、完整。

各单位应当按照法律、行政法规和国家统一的会计准则制度有关财务会计报告提供期限的规定，及时对外提供财务报表。财务报表须经注册会计师审计的，注册会计师及其所在的会计师事务所出具的审计报告应当随同财务报表一并提供。

【提示】根据《企业财务会计报告》的规定，国有企业、国有控股的或者占主导地位的企业，应当至少每年一次向本企业的职工代表大会公布财务会计报告。

五、会计档案管理

《会计档案管理办法》对会计档案的内容、管理部门、归档、移交、查阅、保管期限及会计档案的销毁等内容均有明确规定，各单位必须遵照执行。

考点1　会计档案的内容

会计档案是记录和反映单位经济业务事项的重要历史资料和证据，一般包括会计凭证、会计账簿、财务报告以及其他会计资料等会计核算的专业材料。《会计法》第23条规定，各单位对会计凭证、会计账簿、财务会计报告和其他会计资料应当建立档案，妥善保管。会计档案的保管期限和销毁办法，由国务院财政部门会同有关部门制定。

会计档案的具体种类如下：

1. 会计凭证类

原始凭证、记账凭证、汇总凭证和其他会计凭证。

2. 会计账簿类

总账、明细账、日记账、固定资产卡片、辅助账簿和其他会计账簿。

3. 财务报表类

主要包括资产负债表、利润表、现金流量表、所有者权益变动表和附注。

4. 其他类

包括银行存款余额调节表、银行对账单、其他应当保存的会计核算专业资料、会计档案移交清册、会计档案保管清册和会计档案销毁清册。

【提示】企业的财务预算、计划、制度等文件材料属于文书档案，不属于会计档案。

考点2　会计档案的管理部门

各级人民政府财政部门和档案行政管理部门共同负责会计档案工作的指导、监督和检查。

考点3　会计档案的归档

1. 各单位每年形成的会计档案

应当由会计机构按照归档要求，负责整理立卷，装订成册，编制会计档案保管清册。

2. 采用电子计算机进行会计核算的单位

应当保存打印出的纸质会计档案。

考点4　会计档案的移交

1. 当年形成的会计档案

在会计年度终了后，可暂时由会计机构保管1年，期满之后，应当由会计机构编制移交清册，移交本单位档案机构统一保管；未设立档案机构的，应当在会计机构内部指定专人保管。出纳人员不得兼管会计档案。

2. 移交本单位档案机构保管的会计档案

原则上应当保持原卷册的封装。个别需要拆封重新整理的，档案机构应当会同会计机构和经办人员共同拆封整理，以分清责任。

3. 单位之间交接会计档案的

交接会计档案时，交接双方应当按会计档案移交清册所列内容逐项交接，并由交接双方的单位负责人监交。交接完毕后，交接双方经办人和监交人应当在会计档案移交清册上签名或盖章。

考点5　会计档案的查阅

各单位保存的会计档案不得借出，如有特殊需要，经本单位负责人批准，可以提供查阅或者复制，并办理登记手续，查阅或者复制会计档案的人员，严禁在会计档案上涂画、拆封或者抽换。

我国境内所有单位的会计档案不得携带出境。驻外机构和境内单位在境外设立的企业（简称境外单位）的会计档案，同样按照《会计档案管理办法》和国家有关规定进行管理。

考点6 会计档案的保管期限

《会计档案管理办法》第8条规定，会计档案保管期限分为永久和定期两类。定期保管的会计档案期限分为3年、5年、10年、15年和25年五类。会计档案的保管期限，从会计年度终了后的第一天算起。

企业和其他组织会计档案保管期限主要包括：

1. 永久

年度财务报表、会计档案保管清册、会计档案销毁清册。

2. 3年

月度、季度财务报表（包括文字分析资料）。

【提示】行政单位和事业单位会计月、季度报表保管期限为5年。

3. 5年

固定资产卡片待固定资产报废清理后保管5年、银行存款余额调节表、银行对账单。

4. 25年

现金日记账、银行存款日记账。

5. 15年

其他，如原始凭证、记账凭证、汇总凭证和其他会计凭证；总账、明细账和辅助账簿；会计档案移交清册。

企业和其他组织会计档案保管期限，如表1-2所示。

表1-2　企业和其他组织会计档案保管期限表

序号	档案名称	保管期限	备注
一	会计凭证类		
1	原始凭证	15年	
2	记账凭证	15年	
3	汇总凭证	15年	
二	会计账簿类		
4	总账	15年	包括日记总账
5	明细账	15年	
6	日记账	15年	现金和银行存款日记账保管25年
7	固定资产卡片		固定资产报废清理后保管5年
8	辅助账簿	15年	
三	财务报告类		
9	月、季度财务报告	3年	包括文字分析
10	年度财务报告（决算）	永久	包括文字分析

续表

序号	档案名称	保管期限	备注
四	其他类		
11	会计移交清册	15 年	
12	会计档案保管清册	永久	
13	会计档案销毁清册	永久	
14	银行存款余额调节表	5 年	
15	银行对账单	5 年	

考点7 会计档案的销毁

1. 销毁程序

根据规定，会计档案保管期满需要销毁的，可以按照规定程序予以销毁。销毁的基本程序和要求是：

（1）由本单位档案机构会同会计机构提出销毁意见，编制会计档案销毁清册，列明销毁会计档案的名称、卷号、册数、起止年度和档案编号、应保管期限、已保管期限、销毁时间等内容。

（2）单位负责人在会计档案销毁清册上签署意见。

（3）销毁会计档案时，应当由档案机构和会计机构共同派员监销；国家机关销毁会计档案时，应当由同级财政部门、审计部门派员参加监销；各级财政部门销毁会计档案时，应当由同级审计部门派员参加监销。

（4）监销人在销毁会计档案前，应当按照会计档案销毁清册所列内容清点核对所要销毁的会计档案；销毁后，监销人应当在会计档案销毁清册上签名盖章，并将监销情况报告给本单位负责人。

2. 不得销毁的会计档案

对于保管期满但未结清的债权债务原始凭证和涉及其他未了事项的原始凭证，不得销毁，应当单独抽出立卷，由档案部门保管到未了事项完结时为止。单独抽出立卷的会计档案，应当在会计档案销毁清册和会计档案保管清册中列明。正处于项目建设期间的建设单位，其保管期满的会计档案不得销毁。

典型例题

【例题1·多选题】下列各项中，属于会计资料的是（   ）。

A. 会计凭证　　　B. 会计账簿　　　C. 财务会计报告　　　D. 公司章程

【答案】ABC

【解析】会计资料包括会计凭证、会计账簿、财务会计报告和其他会计资料。

【例题2·单选题】根据《会计法》的规定，下列人员中，不需要在对外报出的财务会计报告上签章的是（   ）。

A. 单位负责人　　B. 会计机构负责人　　C. 总会计师　　　D. 出纳

【答案】D

【解析】财务报表由单位负责人和主管会计工作的负责人、会计机构负责人（会计主管人员）签名并盖章；设置总会计师的单位，还须由总会计师签名并盖章。

【例题3·判断题】伪造会计资料是指用涂改、挖补等手段来改变会计凭证、会计账簿的真实内容，以歪曲事实真相。（　　　）

【答案】×

【解析】变造会计资料是指用涂改、挖补等手段来改变会计凭证、会计账簿的真实内容，以歪曲事实真相。

【例题4·判断题】会计档案保管期满需要销毁的，由单位档案部门会同会计机构提出意见，编制会计档案销毁清册。会计机构负责人应当在会计档案销毁清册上签署意见。（　　　）

【答案】×

【解析】单位负责人应当在会计档案销毁清册上签署意见。

【例题5·单选题】下列关于会计核算依据的说法中正确的（　　　）。

A. 以实际发生的经济业务事项为依据进行会计核算

B. 以预计发生的经济业务事项为依据进行会计核算

C. 以实际发生的全部业务事项为依据进行会计核算

D. 以预计发生的全部业务事项为依据进行会计核算

【答案】A

【解析】各单位必须根据实际发生的经济业务事项进行会计核算，填制会计凭证，登记会计账簿，编制财务会计报告。

【例题6·单选题】登记会计账簿的依据是（　　　）。

A. 领导认可的会计凭证　　　　　　B. 审核无误的会计凭证

C. 金额无误的会计凭证　　　　　　D. 经办人签字的会计凭证

【答案】B

【解析】会计账簿是指由一定格式的账页组成的，以审核无误的会计凭证为依据，全面、系统、连续地记录各项经济业务的簿籍。

【例题7·单选题】下列各项中，不属于会计档案的是（　　　）。

A. 会计凭证　　　B. 会计账簿　　　C. 财务会计报告　　　D. 单位预算文件

【答案】D

【解析】预算、计划、制度属于文书档案。

【例题8·单选题】根据《会计档案管理办法》的规定，会计档案保管期限分为永久和定期两类。定期保管的会计档案，其最长期限是（　　　）。

A. 5年　　　　　　B. 10年　　　　　　C. 15年　　　　　　D. 25年

【答案】D

【解析】定期保管的会计档案期限分为3年、5年、10年、15年和25年五类。

【例题9·多选题】会计档案保管期满，不得销毁的有（　　　）。

A. 未结清的债权债务原始凭证　　　B. 正在建设期间的建设单位的原始凭证

C. 年度会计报表　　　　　　　　　D. 银行存款余额调节表

【答案】AB

【解析】对于保管期满但未结清的债权债务原始凭证和涉及未了事项的原始凭证，不得销毁，应当单独抽出立卷，由档案部门保管到未了事项完结时为止。正处于项目建设期间的建设单位，其保管期满的会计档案不得销毁。

第四节 会计监督

考纲重点分布

四、会计监督	1. 单位内部会计监督	掌握
	2. 会计工作的社会监督	熟悉
	3. 会计工作的政府监督	熟悉

考点精解

会计监督是指单位内部的会计机构和会计人员、依法享有经济监督检查职权的政府有关部门、依法批准成立的社会审计中介组织，对国家机关、社会团体、企事业单位经济活动的合法性、合理性和会计资料的真实性、完整性以及本单位内部预算执行情况所进行的监督。

一、单位内部会计监督

考点1 单位内部会计监督的概念

单位内部会计监督是指会计机构、会计人员依照法律的规定，通过会计手段对经济活动的合法性、合理性和有效性进行的一种监督。

1. 单位内部会计监督的主体和对象

（1）监督主体：会计机构、会计人员。

（2）监督对象：经济活动。

2. 会计机构和会计人员在单位内部监督中的职责

（1）依法开展会计核算和监督。对违反《会计法》和国家统一的会计准则制度规定的会计事项，有权拒绝办理或者按照职权予以纠正。

（2）对单位内部的会计资料和财产物资实施监督。发现会计账簿记录与实物、款项及有关资料不相符的，按照国家统一的会计准则制度的规定有权自行处理的，应当及时处理；无权处理的，应当立即向单位负责人报告，请求查明原因，作出处理。

考点2 建立单位内部会计监督制度的要求

各单位应当建立健全本单位内部会计监督制度。单位内部会计监督制度应当符合下列要求：

（1）记账人员与经济业务事项和会计事项的审批人员、经办人员、财物保管人员的职责权限应当明确，并相互分离、相互制约。

（2）重大对外投资、资产处置、资金调度和其他重要经济业务事项的决策和执行的相互监督、相互制约程序应当明确。

（3）财产清查的范围、期限和组织程序应当明确。

（4）对会计资料定期进行内部审计的办法和程序应当明确。

考点 3　内部控制

1. 内部控制的概念与目标

对企业而言，内部控制是指由企业董事会、监事会、经理层和全体员工实施的、旨在实现控制目标的过程。对行政事业单位而言，内部控制是指单位为实现控制目标，通过制定制度、实施措施和执行程序，对经济活动的风险进行防范和管控。

企业内部控制的目标主要包括：合理保证企业经营管理合法合规、资产安全、财务报告及相关信息真实完整，提高经营效率和效果，促进企业实现发展战略。行政事业单位内部控制的目标主要包括合理保证单位经济活动合法合规、资产安全和使用有效、财务信息真实完整；有效防范舞弊和预防腐败；提高公共服务的效率和效果。

2. 内部控制的原则

企业、行政事业单位建立与实施内部控制，均应遵循全面性原则、重要性原则、制衡性原则和适应性原则。此外，企业还应遵循成本效益原则。

（1）全面性原则。内部控制应当贯穿决策、执行和监督的全过程，覆盖各种业务和事项，实现对经济活动的全面控制。

（2）重要性原则。内部控制应当在全面控制的基础上，关注重要经济活动和经济活动的重大风险。

（3）制衡性原则。企业内部控制应当在企业治理结构、机构设置及权责分配、业务流程等方面形成相互制约、相互监督，同时兼顾运营效率。行政事业单位内部控制应当在单位内部的部门管理、职责分工、业务流程等方面形成相互制约和相互监督。

（4）适应性原则。企业内部控制应当与企业经营规模、业务范围、竞争状况和风险水平等相适应，并随着情况的变化及时加以调整。行政事业单位内部控制应当符合国家有关规定和单位的实际情况，并随着外部环境的变化、单位经济活动的调整和管理要求的提高，不断修订和完善。

（5）成本效益原则。企业内部控制应当权衡实施成本与预期效益，以适当的成本实现有效控制。

3. 内部控制的责任人

对企业而言，董事会负责内部控制的建立健全和有效实施。监事会对董事会建立与实施内部控制进行监督。经理层负责组织领导企业内部控制的日常运行。企业应当成立专门机构或者指定适当的机构具体负责组织协调内部控制的建立实施及日常工作。

对行政事业单位而言，单位负责人对本单位内部控制的建立健全和有效实施负责。单位应当建立适合本单位实际情况的内部控制体系，并组织实施。

4. 内部控制的内容

企业建立与实施有效的内部控制，应当包括下列要素：

（1）内部环境。企业实施内部控制的基础，一般包括治理结构、机构设置及权责分配、内部审计、人力资源政策、企业文化等。

（2）风险评估。企业及时识别、系统分析经营活动中与实现内部控制目标相关的风险，合理确定风险应对策略。

（3）控制活动。企业根据风险评估结果，采用相应的控制措施，将风险控制在可承受度之内。

（4）信息与沟通。企业及时、准确地收集、传递与内部控制相关的信息，确保信息在企业内部、企业与外部之间进行有效沟通。

（5）内部监督。企业对内部控制建立与实施情况进行监督检查，评价内部控制的有效性，发现内部控制缺陷，并及时加以改进。

行政事业单位建立与实施内部控制的具体工作包括梳理单位各类经济活动的业务流程，明确业务环节，系统分析经济活动风险，确定风险点，选择风险应对策略，在此基础上根据国家有关规定建立健全单位各项内部管理制度并督促相关工作人员认真执行。

【提示】行政事业单位进行单位层面的风险评估时，应当重点关注以下方面：①内部控制工作的组织情况；②内部控制机制的建设情况；③内部管理制度的完善情况（包括内部管理制度是否健全，执行是否有效）；④内部控制关键岗位工作人员的管理情况；⑤财务信息的编报情况；⑥其他情况。

行政事业单位进行经济活动业务层面的风险评估时，应当重点关注以下方面：①预算管理情况；②收支管理情况；③政府采购管理情况；④资产管理情况；⑤建设项目管理情况；⑥合同管理情况；⑦其他情况。

5. 内部控制的控制方法

对企业而言，控制措施一般包括不相容职务分离控制、授权审批控制、会计系统控制、财产保护控制、预算控制、运营分析控制和绩效考评控制等。

行政事业单位内部控制的控制方法一般包括不相容岗位相互分离、内部授权审批控制、归口管理、预算控制、财产保护控制、会计控制、单据控制、信息内部公开等。

总结：内部控制知识点如表 1-3 所示。

表 1-3 内部控制知识点

内部控制	企业	行政事业单位
概念	由企业董事会、监事会、经理层和全体员工实施的，旨在实现控制目标的过程	单位为实现控制目标，通过制定制度、实施措施和执行程序，对经济活动的风险进行防范和管控
目标	合理保证企业经营管理合法合规	合理保证单位经济活动合法合规
	合理保证企业资产安全	资产安全和使用有效
	合理保证企业财务报告及相关信息真实完整	财务信息真实完整
	提高经营效率和效果	有效防范舞弊和预防腐败
	促进企业实现发展战略	提高公共服务的效率和效果
原则	全面性（全过程控制 + 全员控制）	全面性
	重要性（重要业务事项 + 高风险领域）	重要性
	制衡性	制衡性
	适应性	适应性
	成本效益	

续表

内部控制	企业	行政事业单位
责任人	董事会：负责内部控制的建立健全和有效实施	单位负责人对本单位内部控制的建立健全和有效实施负责
	监事会：对董事会进行监督	
	经理层：负责组织领导企业内部控制的日常运行	
	专门机构：具体负责组织协调内部控制的建立实施及日常工作	单位应当建立适合本单位实际情况的内部控制体系，并组织实施
内部控制的内容	内部环境（实施内部控制的基础） 风险评估 控制活动 信息与沟通 内部监督（监督内部控制的执行）	梳理业务流程，明确业务环节，分析风险，确定风险点，选择风险应对策略，在此基础上根据国家有关规定建立健全单位各项内部管理制度并督促相关工作人员认真执行
控制方法	不相容职务分离控制、授权审批控制、会计系统控制、财产保护控制、预算控制、运营分析控制和绩效考评控制	不相容岗位相互分离、内部授权审批控制、归口管理、预算控制、财产保护控制、会计控制、单据控制、信息内部公开

考点4 内部审计

1. 概念

内部审计是指单位内部的一种独立客观的监督和评价活动，它通过单位内部独立的审计机构和审计人员审查和评价本部门、本单位财务收支和其他经营活动以及内部控制的适当性、合法性和有效性来促进单位目标的实现。

2. 内容

内部审计的内容是一个不断发展变化的范畴，主要包括财务审计、经营审计、经济责任审计、管理审计和风险管理等。

3. 特点

内部审计的审计机构和审计人员都设在本单位内部，审计的内容更侧重经营过程是否有效、各项制度是否得到遵守与执行，审计结果的客观性和公正性较低，并且以建议性意见为主。

4. 作用

内部审计在单位内部会计监督制度中的重要作用，主要体现在以下三个方面：

（1）预防保护作用。内部审计机构通过对会计部门工作的监督，有助于强化单位内部管理控制制度，及时发现问题纠正错误，堵塞管理漏洞，减少损失，保护资产的安全与完整，提高会计资料的真实性、可靠性。

（2）服务促进作用。内部审计机构作为企业内部的一个职能部门，熟悉企业的生产经营活动等情况，工作便利。因此，通过内部审计，可在企业改善管理、挖掘潜力、降低生产成本、提高经济效益等方面起到积极的促进作用。

（3）<u>评价鉴证作用</u>。内部审计是基于受托经济责任的需要而产生和发展起来的，是经营管理分权制的产物。随着企业单位规模的扩大，管理层次增多，对各部门经营业绩的考核与评价是现代管理不可缺少的组成部分。通过内部审计，可以对各部门活动作出客观、公正的审计结论和意见，起到评价和鉴证的作用。

二、会计工作的社会监督

考点1　会计工作社会监督的概念

会计工作的社会监督主要是指由注册会计师及其所在的会计师事务所依法对委托单位的经济活动进行审计、鉴证的一种外部监督。此外，<u>单位和个人检举违反《会计法》和国家统一的会计准则制度规定的行为，也属于会计工作社会监督的范畴</u>。

会计工作的社会监督是一种外部监督，是对单位内部监督的再监督，其特征是监督行为的<u>独立性和有偿性</u>。<u>社会监督以其特有的中介性和公正性而得到法律认可，具有很强的权威性、公正性</u>。

考点2　注册会计师审计与内部审计的关系

1. 联系

（1）都是现代审计体系的<u>重要组成部分</u>。

（2）<u>都关注内部控制的健全性和有效性</u>。

（3）<u>注册会计师审计可能涉及对内部审计成果的利用</u>。

2. 区别（见表1－4）

表1－4　注册会计师审计与内部审计的区别

区别	注册会计师审计	内部审计
独立性	完全独立于被审计单位	受本部门、本单位直接领导，其具有相对独立性
审计方式	受托审计，必须按照《注册会计法》、执业准则、规则实施审计	依照单位经营管理需要自行组织实施，具有较大的灵活性
职责和作用	对对外出具的审计报告具有鉴证作用	只对本部门、本单位负责，不对外公开
接受审计的自愿程度	委托人可自由选择会计师事务所	单位内部组织必须接受内部审计人员的监督

考点3　注册会计师的业务范围

1. 我国注册会计师承办<u>审计业务范围</u>

（1）审查企业会计报表，出具审计报告。

（2）验证企业资本，出具验资报告。

（3）办理企业合并、分立、清算事宜中的审计业务，出具有关报告。

（4）法律、行政法规规定的其他审计业务。

2. 注册会计师承办会计咨询、会计服务业务范围

（1）设计财务会计制度。

（2）担任会计顾问，提供会计、财务、税务和其他经济管理咨询。

（3）代理记账。

（4）代理纳税申报。

（5）代办申请注册登记，协助拟定合同、协议、章程及其他经济文件。

（6）培训会计人员。

（7）审核企业前景财务资料。

（8）资产评估。

注册会计师承办业务，由其所在的会计师事务所统一受理并与委托人签订委托合同。会计师事务所对本所注册会计师承办的业务，承担民事责任。

三、会计工作的政府监督

考点1　会计工作政府监督的概念

会计工作的政府监督主要是指财政部门代表国家对单位和单位中相关人员的会计行为实施的监督检查，以及对发现的违法会计行为实施的行政处罚。会计工作的政府监督是一种外部监督。

财政部门是会计工作政府监督的实施主体。除财政部门外，审计、税务、人民银行、银行监管、证券监管、保险监管等部门依照有关法律、行政法规规定的职责和权限，可以对有关单位的会计资料实施监督检查。

考点2　财政部门会计监督的主要内容

财政部门对各单位下列事项实施监督：

1. 对单位依法设置会计账簿的检查

具体包括：按照法律、行政法规和国家统一的会计准则制度的规定，应当设置会计账簿的单位，是否设置会计账簿；设置会计账簿的单位，其设置的会计账簿是否符合法律、行政法规和国家统一的会计制度的要求；单位是否存在账外设账的违法行为等。

2. 对单位会计资料真实性、完整性的检查

具体包括：

（1）应当依法办理会计手续、进行会计核算的经济业务事项是否如实在会计凭证、会计账簿、财务会计报告和其他会计资料上反映。

（2）填制的会计凭证、登记的会计账簿、编制的财务会计报告与实际发生的经济业务事项是否相符。

（3）财务会计报告的内容是否符合有关法律、行政法规和国家统一的会计准则制度的规定。

（4）其他会计资料是否真实、完整。

（5）使用的会计软件及其生成的会计资料是否符合法律、行政法规和国家统一的会计准则制度的规定等。

3. 对单位会计核算情况的检查

检查会计核算是否符合《会计法》和国家统一的会计准则制度的规定。具体包括：

（1）采用会计年度、使用记账本位币和会计记录文字是否符合有关规定。

（2）填制或者取得原始凭证、编制记账凭证、登记会计账簿是否符合有关规定。

（3）财务会计报告的编制程序、报送对象和报送期限是否符合有关规定。

（4）会计处理方法的采用和变更是否符合有关规定。

（5）是否按照有关规定建立并实施内部会计监督制度。

（6）会计档案的建立、保管和销毁是否符合有关规定。

（7）会计核算是否有其他违法会计行为等。

4. 对单位会计人员从业资格和任职资格的检查

具体包括从事会计工作的人员是否持有会计从业资格证书，会计机构负责人（会计主管人员）是否具备法律、行政法规和国家统一的会计准则制度规定的任职资格等。

5. 对会计师事务所出具的审计报告的程序和内容的检查

根据《注册会计师法》的规定，国务院财政部门和省、自治区、直辖市人民政府财政部门应当对会计师事务所出具审计报告的程序和内容进行监督检查。这是对社会中介组织监督职能的再监督，有利于会计监督职能的强化和完善。

总结：会计监督体系的主体与对象如表1-5所示。

表1-5　会计监督体系的主体与对象

监督种类		主体	对象
内部监督	单位内部会计监督	会计机构和会计人员	单位经济活动
外部监督	政府监督	县级以上财政部门（主要监督人）	会计行为
		审计、税务、人民银行、证券监管、保险监管、银行监管等部门	会计资料
	社会监督	注册会计师及其所在会计师事务所（主要监督人）	委托单位经济活动
		单位和个人	违法行为

总结：单位内部会计监督与社会监督、政府监督的关系

（1）联系：①单位内部监督是后两者的基础；②政府监督和社会监督是对单位内部监督的再监督；③政府监督是社会监督有效进行的重要保证。

（2）区别（见表1-6）。

表1-6　单位内部会计监督与社会监督、政府监督的区别

	主体	性质	时间	内容
单位内部监督	会计机构、会计人员	单位内部的自我约束机制	事前、事中、事后	对不合法的收支予以制止、纠正、检举，加强经济管理、提高经济服务效益
社会监督	社会审计组织和广大公众	通过审计、鉴证职能的发挥及单位、个人检举实施	事后	会计师事务所对被监督单位财务会计报告的真实性发表意见，以提高被监督单位财务会计报告的公信力
政府监督	财政部门、其他有关部门	政府有关部门依法对会计主体进行管理监督	事后	监督会计主体的行为是否合法

典型例题

【例题1·单选题】《会计法》所称的单位内部会计监督的对象是指（　　）。

A. 本单位的经济活动　　　　　　B. 会计机构和会计人员

C. 政府财政部门　　　　　　　　D. 内部的审计活动

【答案】A

【解析】单位内部监督的主体是会计机构、会计人员，对象是本单位的经济活动。

【例题2·多选题】下列关于单位内部会计监督基本要求的表述，正确的有（　　）。

A. 会计机构、会计人员对违反《会计法》和国家统一的会计准则制度的会计事项，有权拒绝办理或者按照职权予以纠正

B. 会计机构、会计人员发现会计账簿与实物、款项及有关资料不相符的，应当立即向单位负责人报告，请求查明原因，作出处理

C. 记账人员不得兼任审批人员、经办人员或财务保管人员

D. 财产清查的范围、期限和组织程序应当明确

【答案】ACD

【解析】会计机构、会计人员发现会计账簿与实物、款项及有关资料不相符的，按照国家统一的会计准则制度的规定有权自行处理的，应当及时处理；无权自行处理的，应当立即向单位负责人报告，请求查明原因，作出处理。

【例题3·多选题】我国的会计监督体系包括（　　）。

A. 单位内部会计监督　　　　　　B. 会计工作的政府监督

C. 会计工作的社会监督　　　　　D. 新闻传媒的监督

【答案】ABC

【解析】目前，我国已形成三位一体的会计监督体系，包括单位内部会计监督、以政府财政部门为主体的政府监督和以注册会计师为主体的社会监督。

【例题4·多选题】下列属于财政部门会计监督检查的内容有（　　）。

A. 对单位会计资料真实性、完整性的检查

B. 检查从事会计工作的人员是否持有会计从业资格证书

C. 会计主管人员是否具备法定的任职资格

D. 检查会计师事务所出具的审计报告的程序和内容

【答案】ABCD

【解析】财政部门会计监督检查的内容包括：对单位依法设置会计账簿的检查；对单位会计资料真实性、完整性的检查；对单位会计核算情况的检查；对单位会计人员从业资格和任职资格的检查；对会计师事务所出具的审计报告的程序和内容的检查。

【例题5·多选题】下列各项中，属于会计工作的政府监督的有（　　）。

A. 税务机关对纳税人和扣缴义务人的会计资料进行的监督检查

B. 审计部门对行政事业单位会计资料进行的监督检查

C. 证券监管部门对会计违法行为做出罚款处罚

D. 人民银行对分行相关会计账簿的监督检查

【答案】AB

【解析】选项C财政部门才能对违法会计行为实施行政处罚；选项D人民银行对分行会计账簿的监督属于单位内部会计监督的范畴。

【例题6·单选题】注册会计师进行审计，应对（　　）负责。

A. 会计资料的真实性、完整性　　　B. 会计账簿的准确性

C. 出具的审计报告　　　D. 企业纳税的金额

【答案】C

【解析】注册会计师进行审计，应对出具的审计报告负责。

第五节　会计机构与会计人员

考纲重点分布

五、会计机构与会计人员	1. 会计机构的设置	熟悉
	2. 会计工作岗位设置	掌握
	3. 会计工作交接	掌握
	4. 会计从业资格	熟悉
	5. 会计专业技术资格与职务	熟悉

考点精解

一、会计机构的设置

会计机构是各单位办理会计事务的职能机构，会计人员是直接从事会计工作的人员。单位应当建立健全会计机构，配备合适的会计人员。

考点1　办理会计事务的组织方式

各单位办理会计事务的组织方式有以下三种：

1. 单独设置会计机构

单独设置会计机构是指单位依法设置独立负责会计事务的内部机构，负责进行会计核算，实行会计监督，拟定本单位办理会计事务的具体办法，参与拟定经济计划、业务计划，考核、分析预算、财务计划的实行情况，办理其他会计事务等。会计机构内部应当建立稽核制度。

2. 有关机构中配置专职会计人员

不具备单独设置会计机构条件的，应当在有关机构中配置专职会计人员，并指定会计主管人员。会计主管人员是指不单独设置会计机构的单位里，负责组织管理会计事务、行使会计机构负责人职权的负责人。

3. 实行代理记账

没有设置会计机构且未配置会计人员的单位，应当根据《代理记账管理暂行办法》委托会计师事务所或者持有代理记账许可证书的其他代理记账机构进行代理记账。

考点2　会计机构负责人的任职资格

会计机构负责人（会计主管人员）是指在一个单位内部具体负责会计工作的中层领

导人员。单位设置会计机构的，应该配备会计机构负责人；不单独设置会计机构，而在有关机构中配备专职会计人员的，应该在专职会计人员中指定会计主管人员，行使会计机构负责人的职权。

担任单位会计机构负责人（会计主管人员）的，除取得会计从业资格证书外，还应当具备会计师以上专业技术职务资格或者从事会计工作3年以上的经历。

二、会计工作岗位设置

考点1 会计工作岗位的概念

会计工作岗位是指单位会计机构内部根据业务分工而设置的从事会计工作、办理会计事项的具体职位。

在会计机构内部设置会计工作岗位，有利于明确分工和确定岗位职责，建立岗位责任制；有利于会计人员钻研业务，提高工作效率和质量；有利于会计工作的程序化和规范化，加强会计基础工作；还有利于强化会计管理职能，提高会计工作的作用；同时，也是配备数量适当的会计人员的客观依据之一。

考点2 会计工作岗位设置的要求

1. 按需设岗

各单位会计工作岗位的设置应与本单位业务活动的规模、特点和管理要求相适应。通常，业务活动规模大、业务过程复杂、经济业务量较多和管理较严格的单位，会计机构相应较大，会计机构内部的分工相应较细，会计人员和岗位也相应较多；相反，业务活动规模小、业务过程简单、经济业务量较少和管理要求不高的单位，会计机构相应较小，会计机构内部的分工会相应较粗，会计人员和岗位也相应较少。

2. 符合内部牵制的要求

内部牵制是通过实施岗位分离自动实现账目间的相互核对来保证相关账目正确无误的一种控制机制。它是内部控制制度的重要内容之一，主要包括：

（1）内部牵制制度的原则，即机构分离、职务分离、钱账分离、物账分离等。

（2）对出纳等岗位的职责和限制性规定。

（3）有关部门或领导对限制性岗位的定期检查办法。

会计工作岗位可以一人一岗、一人多岗或者一岗多人，凡是涉及款项和财物收付、结算及登记的任何一项工作，必须由两人或两人以上分工办理，以起到相互制约的作用。出纳不得兼管稽核，会计档案保管和收入、费用、债权债务账目的登记工作；出纳以外的人员不得经管库存现金、有价证券、票据。

3. 建立岗位责任制度

会计机构内部岗位责任制是指明确各项具体会计工作的职责范围、具体内容和要求，并落实到每个会计工作岗位或会计人员的一种会计工作责任制度。会计岗位责任制是单位会计人员履行会计岗位职责，提高工作效率的有效保证。因此，各单位应当建立会计岗位责任制。

4. 建立轮岗制度

对会计人员的工作岗位应当有计划地进行轮换，以促进会计人员全面熟悉业务和不断提高业务素质。会计人员轮岗，不仅是会计工作本身的需要，也是加强会计人员队伍建设的需要。定期、不定期地轮换会计人员的工作岗位，也有利于增强会计人员之间的团结合作意识，进一步完善单位内部控制制度。

考点3　主要会计工作岗位

会计工作岗位一般可分为：①总会计师（或行使总会计师职权）岗位；②会计机构负责人或者会计主管人员岗位；③出纳岗位；④稽核；⑤资本、基金核算；⑥收入、支出、债权债务核算；⑦职工薪酬、成本费用、财务成果核算；⑧财产物资的收发、增减核算；⑨总账；⑩财务会计报告编制；⑪会计机构内会计档案管理；⑫其他会计工作岗位。开展会计电算化和管理会计的单位，可以根据需要设置相应工作岗位，也可以与其他工作岗位相结合。

【提示】会计机构中对正式移交之前的会计档案进行保管的工作岗位属于会计岗位，但档案管理部门中对正式移交之后的会计档案进行保管的会计档案管理岗位，不再属于会计岗位。

单位内部审计、社会审计和政府审计等工作相关的岗位不属于会计岗位。

商场收银员、收费员不属于会计岗位。

三、会计工作交接

考点1　交接范围

会计人员工作交接的范围有：

（1）会计人员"工作调动或者因故离职"，应与接管人员办理会计工作交接手续。

（2）会计人员临时离职或因病不能工作、需要接替或代理的，会计机构负责人（会计主管人员）或单位负责人必须指定专人接替或者代理，并办理会计工作交接手续。临时离职或因病不能工作的会计人员恢复工作时，应当与接替或代理人员办理交接手续。

（3）移交人员因病或其他特殊原因不能亲自办理移交手续的，经单位负责人批准，可以由移交人委托他人代办交接，但委托人应当对所移交的会计凭证、会计账簿、财务会计报告和其他会计资料的真实性、完整性承担法律责任。

考点2　交接的程序

《会计基础工作规范》第25条规定，会计人员工作调动或者因故离职，必须将本人所经营的会计工作全部移交给接替人员。没有办清工作交接手续的，不得调动或者离职。

具体办理会计工作交接，应按以下程序进行：

1. 提出交接申请

会计人员在向单位或者有关机关提出调动工作或者离职的申请时，应当同时向会计机构提出会计交接申请，以便会计机构早做准备，安排其他会计人员接替工作。为了防止调动工作或者离职申请被批准后，少数会计人员不办理交接手续，单位或者有关机关在批准其申请前，应当主动与本单位的会计机构负责人沟通，了解该会计人员是否申请办理交接手续以及会计机构的意见等。交接申请的内容通常应当包括申请人姓名、申请调动工作或者离职的缘由、时间、会计交接的具体安排、有无重大报告事项或者建议等。

2. 办理移交手续前的准备工作

会计人员在办理会计工作交接前，必须做好以下准备工作：

（1）已经受理的经济业务尚未填制会计凭证的，应当填制完毕。

（2）尚未登记的账目，应当登记完毕，结出余额，并在最后一笔余额后加盖经办人员印章。

（3）整理好应该移交的各项资料，对未了事项和遗留问题要写出书面说明材料。

（4）编制移交清册，列明应该移交的会计凭证、会计账簿、财务会计报告、公章、库存现金、有价证券、支票簿、发票、文件、其他会计资料和物品等内容；实行会计电算化的单位，从事该项工作的移交人员应在移交清册上列明会计软件及密码、数据盘、磁带等内容。

（5）会计机构负责人（会计主管人员）移交时，应将财务会计工作、重大财务收支问题和会计人员等情况，向接替人员介绍清楚。

3. 移交点收

会计人员离职前，必须将本人经管的会计工作，在规定的期限内，全部向接管人员移交清楚。接管人员应认真按照移交清册逐项点收。具体要求包括：

（1）库存现金要根据会计账簿记录余额进行当面点交，不得短缺，接替人员发现不一致或者"白条抵库"现象时，移交人员在规定期限内负责查清处理。

（2）有价证券的数量要与会计账簿记录一致，有价证券面额与发行价格不一致时，按照会计账簿余额交接。

（3）会计凭证、会计账簿、财务会计报告和其他会计资料必须完整无缺，不得遗漏。如有短缺，必须查清原因，并在移交清册中加以说明，由移交人员负责。

（4）银行存款账户余额要与银行对账单核对相符，如有未达账项，应编制银行存款余额调节表调节相符；各种财产物资和债权债务的明细账户余额，要与总账有关账户的余额核对相符；对重要实物要实地盘点，对余额较大的往来账户要与往来单位、个人核对。

（5）公章、收据、空白支票、发票、科目印章以及其他物品等必须交接清楚。

（6）实行会计电算化的单位，交接双方应在电子计算机上对有关数据进行实际操作，确认有关数字正确无误后，方可交接。

4. 专人负责监交

对监交的具体要求是：

（1）一般会计人员办理交接手续，由会计机构负责人（会计主管人员）监交。

（2）会计机构负责人（会计主管人员）办理交接手续，由单位负责人监交，必要时主管单位可以派人会同监交。主管部门派人会同监交的情况如下：

1）所属单位负责人不能监交，需要由主管部门派人代表主管部门监交，如因单位撤并而办理交接手续等。

2）所属单位负责人不能尽快监交，需要由主管部门派人督促监交。如主管部门责成所属单位撤换不合格的会计机构负责人（会计主管人员），所属单位负责人却以种种借口拖延不办交接手续时，主管部门就应派人督促、会同监交等。

3）不宜由所属单位负责人单独监交，而需要主管部门会同监交。如所属单位负责人与办理交接手续的会计机构负责人（会计主管人员）有矛盾，交接时需要主管部门派人会同监交，以防可能发生单位负责人借机刁难等。

4）主管部门认为交接中存在某种问题需要派人监交时，也可派人会同监交。

5. 交接后的有关事宜

（1）会计工作交接完毕后，交接双方和监交人在移交清册上签名或盖章，并应在移交清册上注明：单位名称，交接日期，交接双方和监交人的职务、姓名，移交清册页数以及需要说明的问题和意见等。

（2）接管人员应继续使用移交前的账簿，不得擅自另立账簿，以保证会计记录前后衔接，内容完整。

（3）移交清册一般应填制一式三份，交接双方各执一份，存档一份。

考点3 交接人员的责任

交接工作完成后，移交人员所移交的会计凭证、会计账簿、财务会计报告和其他会计资料是在其经办会计工作期间内发生的，应当对这些会计资料的真实性、完整性负责，即便接替人员在交接时因疏忽没有发现所交接会计资料在真实性、完整性方面的问题，如事后发现仍应由原移交人员负责，原移交人员不应以会计资料已移交而推脱责任。

四、会计从业资格

考点1 会计从业资格的概念

会计从业资格是指进入会计职业、从事会计工作的一种法定资质，是进入会计职业的"门槛"。

会计从业资格证在全国范围内有效。持有会计从业资格证书的人员不得涂改、出借会计从业资格证书。

考点2 会计从业资格证书的适用范围

在国家机关、社会团体、企业、事业单位和其他组织（以下统称单位）中担任会计机构负责人（会计主管人员）的，以及从事下列会计工作的人员应当取得会计从业资格：①出纳；②稽核；③资本、基金核算；④收入、支出、债权债务核算；⑤职工薪酬、成本费用、财务成果核算；⑥财产物资的收发、增减核算；⑦总账；⑧财务会计报告编制；⑨会计机构内会计档案管理；⑩其他会计工作。

【提示】单位不得任用（聘用）不具备会计从业资格的人员从事会计工作。不具备会计从业资格的人员，不得从事会计工作，不得参加会计专业技术资格考试或评审、会计专业技术职务的聘任，不得申请取得会计人员荣誉证书。

考点3 会计从业资格的取得

1. 会计从业资格的取得实行无纸化考试制度

会计从业资格的取得实行无纸化考试制度，考试科目为：财经法规与会计职业道德、会计基础和会计电算化（或者珠算）。会计从业资格考试科目应当一次性通过。

会计从业资格考试遵循统一指导、分级管理的原则。财政部负责全国会计从业资格考试工作，省级财政部门、新疆生产建设兵团财务局和中央主管单位负责管理本地区（部门、系统）会计从业资格考试工作。

2. 会计从业资格报名条件

申请参加会计从业资格考试的人员，应当符合下列基本条件：

（1）遵守会计和其他财经法律、法规。

（2）具备良好的道德品质。

（3）具备会计专业基本知识和技能。

有《会计法》第42条、第43条所列违法情形，被依法吊销会计从业资格证书的人员，自被吊销之日起5年内（含5年）不得参加会计从业资格考试，不得重新取得会计从业资格证书。因提供虚假财务会计报告，做假账，隐匿或者故意销毁会计凭证、会计账簿、财务会计报告，贪污、挪用公款，职务侵占等与会计职务有关的违法行为，被依法追究刑事责任的人员，不得参加会计从业资格考试，不得取得或者重新取得会计从业资格证书。

考点4　会计从业资格的管理

1. 会计从业资格的管理机构

县级以上地方人民政府财政部门负责本行政区域内的会计从业资格管理。中共中央直属机关事务管理局、国家机关事务管理局、中国人民解放军总后勤部、中国人民武装警察部队后勤部等中央主管单位和新疆生产建设兵团财务局等按各自权限负责本部门（本系统）的会计从业资格的管理。

2. 信息化管理制度

会计从业资格实行信息化管理。会计从业资格管理机构应当建立持证人员从业档案信息系统，及时记载、更新持证人员下列信息：

（1）持证人员的相关基础信息。

（2）持证人员从事会计工作情况。

（3）持证人员的变更、调转登记情况。

（4）持证人员换发会计从业资格证书情况。

（5）持证人员接受继续教育情况。

（6）持证人员受到表彰奖励情况。

（7）持证人员因违反会计法律、法规、规章和会计职业道德被处罚情况。

3. 监督检查制度

会计从业资格管理机构应当对下列情况实施监督检查：

（1）从事会计工作的人员持有会计从业资格证书情况。

（2）持证人员换发、调转、变更登记会计从业资格证书情况。

（3）持证人员从事会计工作和执行国家统一的会计准则制度情况。

（4）持证人员遵守会计职业道德情况。

（5）持证人员接受继续教育情况。

4. 持证人员继续教育制度

持证人员应当接受继续教育，提高业务素质和会计职业道德水平。持证人员参加继续教育采取学分制管理制度，每年参加继续教育取得的学分不得少于24学分。会计人员参加继续教育取得的学分，在全国范围内有效，且仅在当年度有效，不得结转下一年度。

会计从业资格管理机构应当对开展会计人员继续教育的培训机构进行监督和指导，规范培训市场，确保培训质量。

5. 变更登记制度

持证人员的姓名、有效身份证件及号码、照片、学历或学位、会计专业技术职务资格、开始从事会计工作时间等基础信息、持证人员接受继续教育情况、持证人员受到表彰奖励情况发生变化的，应当持相关有效证明和会计从业资格证书，到所属会计从业资格管理机构办理从业档案信息变更。

持证人员的其他相关信息发生变化的，<u>应当登陆所属会计从业资格管理机构指定网站进行信息变更，也可以到所属会计从业资格管理机构办理</u>。

6. 调转登记制度

持证人员所属会计从业资格管理机构发生变化的，应当及时办理调转登记手续。

7. 定期换证制度

会计从业资格证书实行<u>6年定期换证制度</u>。持证人员应当在会计从业资格证书到期前<u>6个月内</u>，填写定期换证登记表，持有效身份证件原件和会计从业资格证书，到所属会计从业资格管理机构办理换证手续。

8. 会计从业资格的撤销

有下列情形之一的，会计从业资格管理机构可以撤销持证人员会计从业资格：

（1）<u>会计从业资格管理机构工作人员滥用职权、玩忽职守，作出给予持证人员会计从业资格决定的</u>。

（2）<u>超越法定职权或者违反法定程序，作出给予持证人员会计从业资格决定的</u>。

（3）<u>对不具备会计从业资格的人员，作出给予会计从业资格决定的</u>。持证人员以欺<u>骗</u>、<u>贿赂</u>、<u>舞弊</u>等不正当手段取得会计从业资格的，会计从业资格管理机构应当撤销其会计从业资格。

9. 会计从业资格的注销

持证人员具有下列情形之一的，会计从业资格管理机构应当<u>注销</u>其会计从业资格：

（1）<u>死亡或者丧失行为能力的</u>。

（2）<u>会计从业资格被依法吊销的</u>。

五、会计专业技术资格与职务

考点1　会计专业技术资格

会计专业技术资格是指担任会计专业职务的任职资格，它与会计从业资格、会计专业职务是不同的概念。<u>会计从业资格是对会计人员最基本的要求，是从事会计工作的上岗证</u>。会计专业职务是区别会计人员业务技能的技术等级。持有会计从业资格证书并参加会计技术资格考试，取得会计专业技术资格后，通过单位聘任或任命才能担任会计专业职务。

1. 会计专业技术资格的级别和考试科目

会计专业技术资格分为初级资格、中级资格和高级资格三个级别。初级和中级资格的取得实行<u>全国统一考试制度</u>；高级资格的取得实行<u>考试与评审相结合的制度</u>。

考试科目：

初级：初级会计实务、经济法基础。参加初级资格考试的人员必须在1个考试年度内通过全部科目的考试。

中级：中级会计实务、经济法、财务管理。参加考试的人员必须在<u>连续的2个考试年度内通过全部科目的考试</u>。

高级：高级会计实务。参加考试并达到国家合格标准的人员，由全国会计专业资格考试办公室核发高级会计师资格考试成绩合格证，该证在全国范围内<u>3年有效</u>。

2. 会计专业技术资格考试报名条件

报名参加会计专业技术资格考试的人员，应具备下列基本条件：

（1）坚持原则，具备良好的职业道德品质。

（2）认真执行《会计法》和国家统一的会计制度以及有关财经法律、法规、规章制度，无严重违反财经纪律的行为。

（3）履行岗位职责，热爱本职工作。

（4）具备会计从业资格，持有会计从业资格证书。

报名参加会计专业技术初级资格考试的人员，除具备上述基本条件外，还必须具备教育部认可的高中以上学历。

报名参加会计专业技术中级资格考试的人员，除具备上述基本条件外，还必须具备下列条件之一：

（1）取得大专学历的，从事会计工作满 5 年。

（2）取得大学本科学历的，从事会计工作满 4 年。

（3）取得双学士学位或研究生班毕业的，从事会计工作满 2 年。

（4）取得硕士学位的，从事会计工作满 1 年。

（5）取得博士学位。

上述考试报名条件中所说的学历，是指国家教育部门承认的学历；会计工作年限是指取得相应学历前后从事会计工作时间的总和。凡通过全国统一考试，取得经济、统计、审计专业技术初、中级资格，并具备上述基本条件的人员，均可报名参加相应级别的会计专业技术资格考试。

报考高级会计师资格考试的人员需要符合的条件为必须具有会计师、审计师、财税经济师等中级专业技术资格或注册税务师、注册资产评估师资格之一，并从事会计、财税和相应管理工作的在职专业人员。

考点 2　会计专业职务

会计专业职务分为高级会计师、会计师、助理会计师、会计员。其中，高级会计师为高级职务，会计师为中级职务，助理会计师与会计员为初级职务。

1. 会计员的主要工作职责和任职条件

基本职责：负责具体审核和办理财务收支，编制记账凭证，登记会计账簿，编制会计报表和办理其他会计事务。

基本条件：

（1）初步掌握财务会计知识和技能。

（2）熟悉并能遵照执行有关会计法规和财务会计制度。

（3）能担负一个岗位的财务会计工作。

（4）大学专科或中等专业学校毕业，在财务会计工作岗位上见习 1 年期满。

2. 助理会计师的主要工作职责和任职条件

基本职责：负责草拟一般的财务会计制度、规定、办法；解释、解答财务会计法规、制度中的一般规定；分析检查某一方面或某些项目的财务收支和预算的执行情况等。

基本条件：

（1）掌握一般的财务会计基础理论和专业知识。

（2）熟悉并能正确执行有关的财经方针、政策和财务会计法规、制度。

（3）能担负一个方面或某个重要岗位的财务会计工作。

（4）取得硕士学位或取得第二学士学位或研究生班结业证书，具备履行助理会计师职责的能力，或者大学本科毕业后在财务会计工作岗位上见习1年期满，或者大学专科毕业并担任会计员职务2年以上，或者中等专业学校毕业并担任会计员职务4年以上。

3. 会计师的主要工作职责和任职条件

基本职责：负责草拟比较重要的财务会计制度、规定、办法，解释、解答财务会计法规、制度中的重要问题，分析、检查财务收支和预算执行情况，培养初级会计人才。

基本条件：

（1）比较系统地掌握财务会计基础理论知识和专业知识。

（2）掌握并能正确贯彻执行有关的财经方针、政策和财务会计法规、制度。

（3）具有一定的财务会计工作经验，能担负一个单位或管理一个地区、一个部门、一个系统某个方面的财务会计工作。

（4）取得博士学位并具有履行会计师职责的能力，或者取得硕士学位并担任助理会计师职务两年左右，或者取得第二学士学位或研究生班结业证书并担任助理会计师职务2~3年，或者大学本科或专科毕业并担任助理会计师职务4年以上。

（5）掌握一门外语。

4. 高级会计师的主要工作职责和任职条件

基本职责：负责草拟和解释、解答一个地区、一个部门、一个系统或在全国施行的财务会计法规、制度、办法，组织和指导一个地区或一个部门、一个系统的经济核算和财务会计工作，培养中级以上会计人才。

基本条件：

（1）较系统地掌握经济、财务会计理论和专业知识。

（2）具有较高的政策水平和丰富的财务会计工作经验，能担负一个地区、一个部门或一个系统的财务会计管理工作。

（3）取得博士学位并担任会计师职务2~3年，或者取得硕士学位、第二学士学位或研究生班结业证书，或者大学本科毕业并担任会计师职务5年以上。

（4）较熟练地掌握一门外语。

典型例题

【例题1·多选题】下列关于会计人员岗位的表述符合规定的有（　　　）。

A. 会计工作岗位可以一人一岗　　　B. 会计工作岗位可以一岗多人

C. 出纳人员可以兼管稽核　　　　　D. 出纳人员不得兼任所有的记账工作

【答案】AB

【解析】会计工作岗位可以一人一岗、一人多岗或者一岗多人；出纳不得兼管稽核、会计档案保管和收入、费用、债权债务账目的登记工作。

【例题2·单选题】下列岗位中，属于会计岗位的有（　　　）。

A. 药房收费员　　　　　　　　　　B. 商场收银员

C. 政府审计工作　　　　　　　　　D. 出纳

【答案】D

【解析】单位内部审计、社会审计和政府审计等工作相关的岗位不属于会计岗位。商场收银员、收费员也不属于会计岗位。

【例题3·单选题】会计机构负责人办理会计工作交接手续时，负责监交的人员应当是（　　）。

A. 一般会计人员　　　　　　　　B. 主管会计工作负责人

C. 单位负责人　　　　　　　　　D. 单位负责人指定的人员

【答案】C

【解析】一般会计人员办理交接手续，由会计机构负责人（会计主管人员）监交；会计机构负责人（会计主管人员）办理交接手续，由单位负责人监交，必要时主管单位可以派人会同监交。

【例题4·判断题】移交人员因病或其他特殊原因不能亲自办理移交手续的，经单位负责人批准，可由移交人委托他人代办交接手续，并且受托人应当对所移交的会计凭证、会计账簿、会计报表和其他会计资料的真实性和完整性承担法律责任。（　　）

【答案】×

【解析】移交人员因病或其他特殊原因不能亲自办理移交手续的，经单位负责人批准，可由移交人委托他人代办交接手续，但委托人应当对所移交的会计凭证、会计账簿、会计报表和其他会计资料的真实性和完整性承担法律责任。

【例题5·判断题】会计人员在获得会计从业资格证书并上岗后，持证人员无须再进行继续教育。（　　）

【答案】×

【解析】持证人员参加继续教育采取学分制管理制度，每年参加继续教育取得的学分不得少于24学分。

【例题6·多选题】下列会计人员，需要交接的有（　　）。

A. 张会计由于不满现有的工资待遇而离职

B. 王会计因自己的工作出色被调到北京的总公司负责会计工作

C. 李会计因病暂时不能工作

D. 赵会计要休年假

【答案】ABC

【解析】会计人员临时离职或因病不能工作、需要接替或代理的，会计机构负责人（会计主管人员）或单位负责人必须指定专人接替或者代理，并办理会计工作交接手续。

【例题7·多选题】下列各项中，属于会计工作岗位设置要求的有（　　）。

A. 按需设岗　　　　　　　　　　B. 建立轮岗制度

C. 建立岗位责任制　　　　　　　D. 符合内部牵制的要求

【答案】ABCD

【解析】会计工作岗位设置要求包括按需设岗、符合内部牵制的要求、建立岗位责任制度、建立轮岗制度。

【例题8·判断题】为了提高会计人员的专业水平和工作效率，会计人员的工作岗位不能进行轮换。（　　）

【答案】 ×

【解析】 对会计人员的工作岗位应当有计划地进行轮换，以促进会计人员全面熟悉业务和不断提高业务素质。

【例题9·单选题】根据会计法律法规的有关规定，会计人员在办理会计工作交接手续中发现"白条抵库"时，应采用的做法是（　　　）。

A. 由监交人员负责查清处理　　　　B. 由移交人员在规定期限内负责查清处理

C. 由接管人员在移交后负责查清处理　　D. 由会计档案管理人员负责查清处理

【答案】 B

【解析】 接替人员在交接时因疏忽没有发现所交接会计资料在真实性、完整性方面的问题，如事后发现仍应由原移交人员负责，原移交人员不应以会计资料已移交而推脱责任。

第六节　法律责任

考纲重点分布

六、法律责任	1. 法律责任概述	了解
	2. 不依法设置会计账簿等会计违法行为的法律责任	熟悉
	3. 其他会计违法行为的法律责任	熟悉

考点精解

一、法律责任概述

法律责任是指违反法律规定的行为应当承担的法律后果。《会计法》规定的法律责任主要有行政责任和刑事责任两种形式，具体种类包括责令限期改正、罚款、吊销会计从业资格证书、行政处分、追究刑事责任等。

考点1　行政责任

行政责任是指犯有一般违法行为的单位和个人，依照法律、法规的规定应承担的法律责任。行政责任主要有行政处罚和行政处分两种方式。

1. 行政处罚

行政处罚是指行政机关或其他行政主体依法定职权和程序对违反行政法规尚未构成犯罪的行政管理相对人给予行政制裁的具体行政行为。县级以上人民政府财政部门可依法对违反《中华人民共和国会计法》行为的单位和个人作出行政处罚。行政处罚的类别主要有：①罚款；②责令限期改正；③吊销会计从业资格证书等。

2. 行政处分

行政处分是国家工作人员违反行政法律规范所应承担的一种行政法律责任，是行政机关对国家工作人员故意或者过失侵犯行政相对人的合法权益所实施的法律制裁。行政处分的对象仅限于直接负责的国家工作人员。行政处分的形式主要有：①警告；②记过；③记大过；④降级；⑤撤职；⑥开除。

考点2 刑事责任

刑事责任是指犯罪行为应当承担的法律责任，即由司法机关依据《刑法》的规定对犯罪分子进行制裁。我国《刑法》规定，刑罚分为主刑和附加刑两种。

1. 主刑

主刑是对犯罪分子适用的主要刑罚方法，只能独立适用，不能附加适用，对犯罪分子只能判处一种主刑。主刑分为管制、拘役、有期徒刑、无期徒刑和死刑。

2. 附加刑

附加刑是既可以独立适用又可以附加适用的刑罚方法。也就是说，对同一犯罪行为既可在主刑之后判处一个或两个以上的附加刑，也可以独立判处一个或两个以上的附加刑。附加刑分为罚金、剥夺政治权利、没收财产对犯罪的外国人，也可以独立或附加适用驱逐出境。

由于犯罪行为而使被害人遭受经济损失的，除上述刑罚措施外，还应根据情况判处赔偿经济损失；对于犯罪情节轻微不需要判处刑罚的，可根据情况予以训诫或者责令其悔过、赔礼道歉等。

二、不依法设置会计账簿等会计违法行为的法律责任

1. 违法行为

（1）不依法设置会计账簿的行为。

（2）私设会计账簿的行为。

（3）未按照规定填制、取得原始凭证或者填制、取得的原始凭证不符合规定的行为。

（4）以未经审核的会计凭证为依据登记会计账簿或者登记会计账簿不符合规定的行为。

（5）随意变更会计处理方法的行为。

（6）向不同的会计资料使用者提供的财务会计报告编制依据不一致的行为。

（7）未按照规定使用会计记录文字或者记账本位币的行为。

【提示】《会计法》第22条规定，会计记录的文字应当使用中文。在民族自治地方，会计记录可以同时使用当地通用的一种民族文字。在中华人民共和国境内的外商投资企业、外国企业和其他外国组织的会计记录可以同时使用一种外国文字。

《会计法》第12条规定，会计核算以人民币为记账本位币。业务收支以人民币以外的货币为主的单位，可以选定其中一种货币作为记账本位币，但是编报的财务会计报告应当折算为人民币。

（8）未按照规定保管会计资料，致使会计资料毁损、灭失的行为。

（9）未按照规定建立并实施单位内部会计监督制度，或者拒绝依法实施的监督，或者不如实提供有关会计资料及有关情况的行为。

（10）任用会计人员不符合《会计法》规定的行为。

2. 法律责任

根据《会计法》的有关规定，上述违反会计法规的行为，应当承担以下法律责任：

（1）责令限期改正。所谓责令限期改正，是指要求违法行为人在一定期限内停止违法行为并将其违法行为恢复到合法状态。县级以上人民政府财政部门有权责令违法行为人限期改正，停止违法行为。

（2）罚款。县级以上人民政府财政部门根据违法行为人的违法性质、情节及危害程度，在责令限期改正的同时，可以对单位并处3 000元以上5万以下的罚款，对其直接负责的主管人员和其他直接责任人员，可以处2 000元以上2万元以下的罚款。

（3）给予行政处分。对上述所列违法行为直接负责的主管人员和其他直接责任人员中的国家工作人员，视情节轻重，应当由其所在单位或者有关单位依法给予警告、记过、记大过、降级、撤职和开除等行政处分。

（4）吊销其会计从业资格证书。对违法情节严重的会计人员，由县级以上人民政府财政部门吊销其会计从业资格证书。

（5）依法追究刑事责任。我国《刑法》并没有对上述所列行为单独明确规定为犯罪，但是，行为人为偷逃税款、骗取出口退税、贪污、挪用公款等目的，做出了上述行为，造成严重后果，按照《刑法》的有关规定，构成犯罪的，应当依据《刑法》的规定分别定罪，量刑。

三、其他会计违法行为的法律责任

考点1 伪造、变造会计凭证、会计账簿，编制虚假财务会计报告的法律责任

1. 行为特征

（1）伪造会计凭证的行为是指以虚假的经济业务或者资金往来为前提，编制虚假的会计凭证的行为。

（2）变造会计凭证的行为是指采取涂改、挖补以及其他方法改变会计凭证真实内容的行为。

（3）伪造会计账簿的行为是指违反《会计法》和国家统一会计制度的规定，根据伪造或者变造的会计凭证填制会计账簿，或者不按要求登记账簿，或者对内对外采用不同的确认标准、计量方法等手段编造虚假的会计账簿的行为。

（4）变造会计账簿的行为是指采用涂改、挖补或者其他手段改变会计账簿的真实内容的行为。

（5）编制虚假财务会计报告的行为是指违反《会计法》和国家统一会计制度的规定，根据虚假的会计账簿记录编制财务会计报告，或者凭空捏造虚假的财务会计报告及财务会计报告擅自进行没有依据的修改的行为。

2. 法律责任

（1）由县级以上人民政府财政部门予以通报。

（2）可以对单位并处5 000元以上10万元以下的罚款；对直接负责的主管人员和其他直接责任人员可以处3 000元以上5万元以下的罚款。

（3）属于国家工作人员的，还应由其所在单位或者有关单位依法给予撤职直至开除的行政处分。

（4）由县级以上人民政府财政部门吊销会计从业资格证书。

（5）构成犯罪的，依法追究刑事责任。

考点2　隐匿或者故意销毁依法应当保存的会计凭证、会计账簿、财务会计报告的法律责任

1. 行为特征

（1）隐匿是指故意转移、隐藏依法应当保存的会计凭证、会计账簿、财务会计报告的行为。

（2）故意销毁是指故意将依法应当保存的会计凭证、会计账簿、财务会计报告予以销毁的行为。

2. 法律责任

（1）由县级以上人民政府财政部门予以通报。

（2）可以对单位并处5 000元以上10万元以下的罚款；对直接负责的主管人员和其他直接责任人员可以处3 000元以上5万元以下的罚款。

（3）属于国家工作人员的，还应由其所在单位或者有关单位依法给予撤职直至开除的行政处分。

（4）由县级以上人民政府财政部门吊销会计从业资格证书。

（5）构成犯罪的，依法追究刑事责任。

考点3　授意、指使、强令会计机构、会计人员及其他人员伪造、变造会计凭证、会计账簿，编制虚假财务会计报告或者隐匿、故意销毁依法应当保存的会计凭证、会计账簿、财务会计报告的法律责任

1. 行为特征

（1）授意是指暗示他人按其意思行事。

（2）指使是指通过明示方式，指示他人按其意思行事。

（3）强令是指明知其命令是违反法律的，而强迫他人执行其命令的行为。

2. 法律责任

（1）对直接人员处5 000元以上5万元以下的罚款。

（2）属于国家工作人员的，还应当由其所在单位或者有关单位依法给予降级、撤职、开除的行政处分。

（3）构成犯罪的，依法追究刑事责任。

考点4　单位负责人对会计人员实行打击报复的法律责任

单位负责人对依法履行职责、抵制违反《会计法》规定行为的会计人员以降级、撤职、调离工作岗位、解聘或者开除等方式实行打击报复，构成犯罪的，依法追究刑事责任；尚不构成犯罪的，由其所在单位或者有关单位依法给予行政处分。对受打击报复的会计人员，应当恢复其名誉和原有职务、级别。

1. 刑事责任

根据我国《刑法》的规定，公司、企业、事业单位、机关、团体的领导人对依法履行职责、抵制违反《会计法》规定行为的会计人员实行打击报复，情节恶劣的，构成打击报复会计人员罪，处3年以下有期徒刑或者拘役。

2. 行政责任

单位负责人对依法履行职责、抵制违反《会计法》规定行为的会计人员实行打击报复，情节轻微，危害性不大，尚不构成犯罪的，应当按照《会计法》的有关规定，由其所在单位或者其上级单位或者行政监察部门视情节轻重，依法给予相应的行政处分。

3. 对受打击报复的会计人员的补救措施

（1）恢复其名誉。受打击报复的会计人员的名誉受到损害的，其所在单位或者其上级单位及有关部门应当要求打击报复者向遭受打击报复的会计人员赔礼道歉，并澄清事实，消除不良影响，恢复名誉。

（2）恢复原有职务、级别。会计人员受到打击报复，被调离工作岗位、解聘或者开除的，应当在征得会计人员同意的前提下，恢复其工作；被撤职的，应当恢复其原有职务；被降级的应当恢复其原有级别。

典型例题

【例题1·多选题】下列各项中，属于《中华人民共和国会计法》规定的行政处罚形式的是（　　）。

A. 责令限期改正　　　　　　　　B. 罚款

C. 吊销会计从业资格证书　　　　D. 管制

【答案】ABC

【解析】选项D属于刑事责任中的主刑。

【例题2·单选题】根据《中华人民共和国会计法》的规定，对故意销毁依法应当保存的会计凭证、会计账簿、财务会计报告，尚不构成犯罪的，县级以上财政部门除按规定对直接负责的主管人员和其他直接责任人员进行处罚外，对单位予以通报，可以并处罚款。对单位所处的罚款金额最低为（　　）。

A. 1 000元　　　　B. 2 000元　　　　C. 3 000元　　　　D. 5 000元

【答案】D

【解析】隐匿或者故意销毁依法应当保存的会计凭证、会计账簿、财务会计报告的可以对单位并处5 000元以上10万元以下的罚款。

【例题3·多选题】单位伪造、变造会计凭证、会计账簿，编制虚假财务会计报告的，县级以上人民政府财政部门可以依法行使的职权包括（　　）。

A. 予以通报

B. 对单位处以5 000元以上10万元以下的罚款

C. 对其直接负责的主管人员和其他责任人员处以3 000元以上5万元以下的罚款

D. 对其中的会计人员吊销会计从业资格证书

【答案】ABCD

【解析】本题考核伪造、变造会计凭证、会计账簿，编制虚假财务会计报告的法律责任。

【例题4·多选题】根据《中华人民共和国会计法》的规定，下列说法正确的有（　　）。

A. 对受打击报复的会计人员，应当恢复其名誉

B. 对受打击报复的会计人员，应当恢复其职称

C. 对受打击报复的会计人员，应当恢复其级别

D. 对受打击报复的会计人员，应当恢复其原有职务

【答案】ACD

【解析】对受打击报复的会计人员，应当恢复其名誉和原有职务、级别。

【例题5·判断题】法律责任是指违反法律规定的行为应当承担的法律后果。《会计法》规定的法律责任主要有行政责任和刑事责任两种责任形式。（　　）

【答案】√

【解析】本题考核法律责任的相关知识。

第二章　结算法律制度

章节简介

本章介绍了结算法律制度，内容包括现金结算、支付结算概述、银行结算账户、票据结算方式、银行卡和其他结算方式，其中票据结算方式是主要内容。初学者需要熟悉有关支付结算的各项法律、法规，并运用到具体的案例中。

第一节　现金结算

考纲重点分布

	1. 现金结算的概念与特点	了解
一、现金结算	2. 现金结算的渠道	了解
	3. 现金结算的范围	掌握
	4. 现金使用的限额	掌握

考点精解

一、现金结算的概念与特点

考点1　现金结算的概念

现金结算是转账结算的对称，指在商品交易、劳务供应等经济往来中，直接使用现金进行应收应付款结算的一种行为。在我国主要适用于单位与个人之间的款项收付以及单位之间的转账结算起点金额以下的零星小额收付。

考点2　现金结算的特点

现金结算具有直接便利、不安全性、不易宏观控制和管理、费用较高等特点。

1. 直接便利

在现金结算方式下，买卖双方一手交钱，一手交货，当面钱货两清，无须通过中介，所以对买卖双方而言是最直接和便利的；在劳务供应、信贷存放和资金调拨方面，现金结算同样直接和便利，因而广泛地被社会大众所接受。

2. 不安全性

现金结算的广泛性和便利性，使其成为不法分子觊觎的最主要目标，容易被偷盗、贪污和挪用。在现实经济生活中，绝大多数的经济犯罪活动都和现金有关。

3. 不易宏观控制和管理

现金结算大部分不通过银行进行，所以国家很难对其进行控制。过多地使用现金结算会使流通中的现钞过多，容易造成通货膨胀。

4. 费用较高

现金结算虽然可以减少相关手续费用，但其清点、运送、保管成本较高。过多地使用现金结算，将会增大整个国家印制、保管、运送现金和回收废旧现钞等工作的成本，造成人力、物力和财力的浪费。

二、现金结算的渠道

现金结算主要有两个渠道：①付款人直接将现金支付给收款人，无须通过银行等中介机构；②付款人委托银行、非银行金融机构或者非金融机构将现金支付给收款人。

三、现金结算的范围

考点　现金结算的范围

根据国务院发布的《现金管理暂行条例》的规定，开户单位可以在下列范围内使用现金：

（1）职工工资、津贴。

（2）个人劳务报酬。

（3）根据国家规定颁发给个人的科学技术、文化艺术、体育等各种奖金。

（4）各种劳保、福利费用以及国家规定的对个人的其他支出。

（5）向个人收购农副产品和其他物资的价款。

（6）出差人员必须随身携带的差旅费。

（7）结算起点（1 000 元）以下的零星支出。

（8）中国人民银行确定需要支付现金的其他支出。

上述款项的结算起点为1 000 元。结算起点的调整，由中国人民银行确定，报国务院备案。除上述第（5）、（6）两项外，各企业、事业单位和机关、团体、部队支付给个人的款项中，超过使用现金限额部分，应当以支票、银行本票支付。确需全额支付现金的，经开户银行审查后，予以支付现金。

四、现金使用的限额

考点　现金使用的限额

现金使用的限额是指为保证各单位"日常零星开支"的需要，允许单位留存现金的最高数额。

现金使用的限额，由开户银行根据开户单位的实际需要核定，一般按照单位 3~5 天的日常零星开支所需确定。边远地区和交通不便地区的开户单位，其库存现金限额可按多于 5 天，但不得超过 15 天的日常零星开支的需要。

对没有在银行单独开立账户的附属单位也要实行现金管理，必须保留的现金也要核定限额，其限额包括在开户单位的库存限额之内。商业和服务行业的找零备用现金也要根据营业额核定定额，但不包括在开户单位的库存现金限额之内。

五、现金收支的基本要求

（1）开户单位现金收入应于当日送存开户银行。当日送存有困难的，由开户银行确定送存时间。

（2）不得坐支。特殊原因需要坐支现金的，应当事先报经开户银行审查批准，由开户银行核定坐支范围和限额，并报当地中国人民银行备案。坐支单位要定期向开户银行报送坐支金额和使用情况。

（3）开户单位从开户银行提取现金时，必须如实、明确填写用途，由本单位财会部门负责人签字盖章，经开户银行审核后，予以支付现金。

（4）因采购地点不固定，确须携带现金的，由本单位财会部门负责人签字盖章，经开户银行审核后，办理现金银行汇票或提取现金。

（5）各单位购买国家规定的专控商品，一律采用转账方式支付。

典型例题

【例题 1·多选题】下列各项关于企业使用现金进行结算的行为中，正确的有（　　）。

A. 用现金向农户支付收购粮食款 8 000 元

B. 用现金支付给出差人员差旅费 3 000 元

C. 用现金支付个人奖金 500 元

D. 用现金支付购买办公用品价款 2 500 元

【答案】ABC

【解析】向个人收购农副产品和其他物资的价款以及出差人员必须随身携带的差旅费，现金支付不受结算起点的限制，其他事项都要受现金结算起点的限制。

【例题 2·单选题】开户银行核定单位库存现金限额的一般标准是（　　）。

A. 单位 1~3 天的日常零星开支所需现金

B. 单位 3~5 天的日常零星开支所需现金

C. 单位 5~7 天的日常零星开支所需现金

D. 单位 7~10 天的日常零星开支所需现金

【答案】B

【解析】各开户单位的库存现金限额，由开户银行核定，一般按照单位 3~5 天日常零星开支所需确定。边远地区和交通不发达地区的开户单位的库存现金限额，可按多于 5 天，但不得超过 15 天的日常零星开支的需要确定。

【例题 3·多选题】下列各项中，属于现金结算特点的有（　　）。

A. 直接便利　　B. 不安全性　　C. 费用较高　　D. 不易宏观控制和管理

【答案】ABCD

【解析】现金结算具有直接便利、不安全性、不易宏观控制和管理、费用较高等特点。

【例题4·单选题】下列对现金结算描述正确的是（　　）。

A. 现金结算主要适用于单位与个人之间的款项收付

B. 现金结算主要适用于银行之间的结算

C. 现金结算主要适用于单位之间的结算

D. 现金结算主要适用于单位与银行之间的结算

【答案】A

【解析】现金结算是转账结算的对称，指在商品交易、劳务供应等经济往来中，直接使用现金进行应收应付款结算的一种行为。在我国主要适用于单位与个人之间的款项收付以及单位之间的转账结算起点金额以下的零星小额收付。

第二节　支付结算概述

考纲重点分布

二、支付结算概述	1. 支付结算的概念与特征	理解
	2. 支付结算的主要法律依据	了解
	3. 支付结算的基本原则	掌握
	4. 办理支付结算的要求	掌握

考点精解

一、支付结算的概念与特征

考点1　支付结算的概念

支付结算是指单位、个人在社会经济活动中使用票据、信用卡和汇兑、托收承付、委托收款等结算方式进行货币给付及其资金清算的行为。其主要功能是实现资金从一方当事人向另一方当事人的转移。

银行、城市信用合作社、农村信用合作社（以下简称银行）以及单位（含个体工商户）和个人是办理支付结算的主体。其中，银行是支付结算和资金清算的中介机构。

考点2　支付结算的特征

1. 支付结算必须通过中国人民银行批准的金融机构进行

《支付结算办法》第6条规定，银行是支付结算和资金清算的中介机构。未经中国人民银行批准的非银行金融机构和其他单位不得作为中介机构经营支付结算业务。但法律、行政法规另有规定的除外。

2. 支付结算的发生取决于委托人的意志

《支付结算办法》第 19 条规定，银行依法为单位、个人在银行开立的基本存款账户、一般存款账户、专用存款账户和临时存款账户的存款保密，维护其资金的自主支配权。对单位、个人在银行开立上述银行存款账户的存款，除国家法律、行政法规另有规定外，银行不得为任何单位或者个人查询；除国家法律另有规定外，银行不代任何单位或者个人冻结、扣款，不得停止单位、个人存款的正常支付。银行在支付结算中充当中介机构的角色。因此，银行只要以善意且符合规定的正常操作程序审查，对伪造、变造的票据和结算凭证上的签章及需要交验的个人有效身份证件，未发现异常而支付金额的，对出票人或付款人不再承担受委托付款的责任，对持票人或收款人不再承担付款的责任。

3. 实行统一领导，分级管理

中国人民银行总行负责制定统一的支付结算制度，组织、管理和监督全国支付结算工作；调解、处理银行间的支付结算纠纷。中国人民银行分行、支行负责组织管理监督本辖区的支付结算工作，协调、处理本辖区银行间的支付结算纠纷。

4. 支付结算是一种要式行为

所谓要式行为，是指法律规定必须按照一定形式进行的行为。如果该行为不符合法定的形式要件，即为无效。办理支付结算的形式要件包括票据和结算凭证的格式和书写规范要求等。《支付结算办法》第 9 条规定，票据和结算凭证是办理支付结算的工具。单位、个人和银行办理支付结算，必须使用按中国人民银行统一规定印制的票据凭证和统一规定的结算凭证。未使用按中国人民银行统一规定印制的票据，票据无效；未使用中国人民银行统一规定格式的结算凭证，银行不予受理。

5. 支付结算必须依法进行

《支付结算办法》第 5 条规定，银行、城市信用合作社、农村信用合作社（以下简称银行）以及单位（含个体工商户）和个人，办理支付结算必须遵守国家的法律、行政法规和本办法的各项规定，不得损害社会公共利益。因此，支付结算的当事人必须严格依法进行支付结算活动。

二、支付结算的主要法律依据

考点 支付结算的主要法律依据

至今为止，现行的适用支付结算的法律、行政法规以及部门规章和政策性规定主要有：《票据法》、《票据管理实施办法》、《支付结算办法》、《现金管理暂行条例》、《中国人民银行银行卡业务管理办法》、《人民币银行结算账户管理办法》、《异地托收承付结算办法》、《电子支付指引（第一号）》等。

【提示】《银行结算办法》、《银行账户管理办法》和《信用卡业务管理办法》已经废止。

三、支付结算的基本原则

考点 支付结算的基本原则

1. 恪守信用，履约付款

根据该原则，单位之间、单位与个人之间发生交易往来，产生支付结算行为时，结算当事人必须依照双方约定的民事法律关系内容依法承担义务和行使权利，严格遵守信用，履约付款义务，特别是应当按照约定的付款金额和付款日期进行支付。结算双方办理款项收付完全建立在自觉自愿、相互信用的基础上。

2. 谁的钱进谁的账、由谁支配原则

这一原则主要在于维护存款人对存款资金的所有权或经营权，保证其对资金的自主支配权。对单位、个人在银行开立上述存款账户的存款，除国家法律、行政法规另有规定外，银行不得为任何单位或者个人查询；除国家法律另有规定外，银行不代任何单位或者个人冻结、扣款，不得停止单位、个人存款的正常支付。

3. 银行不垫款原则

银行在办理结算过程中，只负责办理结算当事人之间的款项划拨，不承担垫付任何款项的责任。这一原则主要在于划清银行资金与存款人资金的界限，保护银行资金的所有权和安全，有利于促使单位和个人直接对自己的债权债务负责。

四、办理支付结算的要求

考点1　办理支付结算的基本要求

根据《支付结算办法》的规定，办理支付结算时应当符合下列基本要求：

（1）单位、个人和银行办理支付结算，必须使用中国人民银行统一规定印制的票据和结算凭证。未使用中国人民银行统一规定的票据，票据无效；未使用中国人民银行统一规定的结算凭证，银行不予受理。

（2）办理支付结算必须按统一的规定开立和使用账户。

（3）填写票据和结算凭证应当全面规范，做到数字正确，要素齐全，不错不漏，字迹清楚，防止涂改。票据和结算金额以中文大写和阿拉伯数码同时记载，二者不一致的结算凭证，银行不予受理。

（4）票据和结算凭证上的签章和其他记载事项应当真实，不得伪造、变造。票据和结算凭证上的签章为签名、盖章或者签名加盖章。单位、银行在票据上的签章，为该单位、银行的盖章加其法定代表人或者授权代理人的签名或者盖章。

伪造是指无权限人假冒他人或虚构他人名义签章的行为；变造是指无权更改票据内容的人，对票据上签章以外的记载事项加以改变的行为。票据上有伪造、变造签章的，不影响票据上其他当事人真实签章的效力。

考点2　支付结算凭证填写要求

1. 票据的出票日期必须使用中文大写

为了防止变造票据的出票日期，在填写月、日时，月为壹、贰和壹拾的，日为壹至玖和壹拾、贰拾和叁拾的，应在其前面加"零"；日为拾壹至拾玖的，应在其前面加"壹"。如，2月15日，应写成零贰月壹拾伍日；2月10日，应当写成零贰月零壹拾日。

大写日期未按要求规范填写的，银行可以受理；但由此造成损失的，由出票人自行承担。票据出票日期使用小写填写的，银行不予受理。

2. 中文大写金额数字应用正楷或行书填写，不得自造简化字

如果金额数字书写中使用繁体字，也应受理。

3. 中文大写金额数字前应标明"人民币"字样

大写金额数字紧接着"人民币"字样填写，不得留有空白。大写金额数字前未印

"人民币"字样的，应加填"人民币"三字。

4. 中文大写金额数字到"元"为止的

在"元"之后应填写"整"（或"正"）字，到"角"为止的，在"角"之后可以不写"整"（或"正"）字。大写金额数字有"分"的，"分"后面不写"整"（或"正"）字。

5. 阿拉伯小写金额数字前面，均应填写人民币符号"￥"

阿拉伯小写金额数字要认真填写，不得连写分辨不清。

6. 阿拉伯小写金额数字中有"0"时，中文大写应按照汉语语言规律、金额数字构成和防止涂改的要求进行书写

（1）阿拉伯数字中间有"0"时，中文大写金额要写"零"字。如￥1 409.50，应写成人民币壹仟肆佰零玖元伍角。

（2）阿拉伯数字中间连续有几个"0"时，中文大写金额中间可以只写一个"零"字。如￥6 007.14，应写成人民币陆仟零柒元壹角肆分。

（3）阿拉伯数字万位或元位是"0"，或者数字中间连续有几个"0"，万位、元位也是"0"，但千位、角位不是"0"时，中文大写金额中可以只写一个"零"字，也可以不写零字。如￥1 680.32，应写成人民币壹仟陆佰捌拾元零叁角贰分，或者写成人民币壹仟陆佰捌拾元叁角贰分；又如￥107 000.53，应写成人民币壹拾万柒仟元零伍角叁分，或者写成人民币壹拾万零柒仟元伍角叁分。

（4）阿拉伯金额数字角位是"0"，而分位不是"0"时，中文大写金额"元"后面应写"零"字。如￥16 409.02，应写成人民币壹万陆仟肆佰零玖元零贰分；又如￥325.04，应写成人民币叁佰贰拾伍元零肆分。

票据和结算凭证的金额、出票或签发日期、收款人名称不得更改，更改的票据无效；更改的结算凭证，银行不予受理。对票据和结算凭证上的其他记载事项，原记载人可以更改，更改时应当由原记载人在更改处签章证明。

典型例题

【例题1·单选题】下列各项中，不得作为办理支付结算和资金清算业务的中介机构是（　　）。

A. 银行　　　　B. 城市信用合作社　　　C. 农村信用合作社　　　D. 保险公司

【答案】D

【解析】银行是支付结算和资金清算的中介机构，未经中国人民银行批准的非银行金融机构和其他单位不得作为中介机构经营支付结算业务。

【例题2·多选题】下列各项中，属于支付结算主要法律依据的有（　　）。

A. 《票据法》　　　　　　　B. 《电子支付指引（第一号）》

C. 《支付结算管理办法》　　D. 《合同法》

【答案】ABC

【解析】现行的适用支付结算的法律、行政法规以及部门规章和政策性规定主要有：《票据法》、《票据管理实施办法》、《支付结算管理办法》、《中国人民银行银行卡业务管理办法》、《人民币银行结算账户管理办法》、《电子支付指引（第一号）》等。

【例题3·多选题】下列关于票据和结算凭证的填写表述中，正确的是（　　　）。

A. 中文大写金额数字必须用正楷书写

B. 中文大写金额数字到"角"为止的，在角之后可以不写"整"字

C. 中文大写金额数字到"分"为止的，在分之后不需写"整"字

D. 票据的大写出票日期未按要求规范填写的，银行不予受理

【答案】BC

【解析】选项A中文大写金额数字应用正楷或行书填写；选项D大写日期（不是小写日期）未按要求规范填写的，银行可予受理，但由此造成损失的，由出票人自行承担。

【例题4·单选题】根据支付结算法律制度的规定，出票日期"2月10日"的规范写法是（　　　）。

A. 零贰月零壹拾日　　　B. 零贰月壹拾日　　　C. 贰月零壹拾日　　　D. 贰月壹拾日

【答案】A

【解析】①月为"壹"、"贰"和"壹拾"的，应当在其前加"零"；②日为壹至玖和"壹拾"、"贰拾"、"叁拾"的，应当在其前加"零"；③日为拾壹至拾玖的，应当在其前加"壹"。

【例题5·多选题】票据和结算凭证的（　　　）不得更改，更改的票据无效；更改的结算凭证，银行不予受理。

A. 金额　　　B. 出票或签发日期　　　C. 收款人名称　　　D. 付款人名称

【答案】ABC

【解析】票据和结算凭证的金额、出票或签发日期、收款人名称不得更改，更改的票据无效；更改的结算凭证，银行不予受理。

【例题6·判断题】票据和结算凭证金额以中文大写和阿拉伯数字同时记载，二者必须一致，二者不一致的票据无效；二者不一致的结算凭证，银行不予受理。（　　　）

【答案】√

【解析】票据和结算凭证金额以中文大写和阿拉伯数字同时记载，二者必须一致，二者不一致的票据无效；二者不一致的结算凭证，银行不予受理。

第三节　银行结算账户

考纲重点分布

	1. 银行结算账户的概念与分类	掌握
三、银行结算账户	2. 银行结算账户管理的基本原则	熟悉
	3. 银行结算账户的开立、变更和撤销	熟悉
	4. 违反银行账户管理法律制度的法律责任	熟悉

考点精解

一、银行结算账户的概念与分类

考点 1 银行结算账户的概念

银行结算账户是指存款人在经办银行开立的办理资金收付结算的人民币活期存款账户。

银行结算账户具有以下特点：

1. 办理人民币业务

这与外币存款账户不同，外币存款账户办理的是外币业务，其开立和使用应遵守国家外汇管理局的有关规定。

2. 办理资金收付结算业务

这与储蓄账户不同，储蓄账户的基本功能是存取本金和支取利息，储蓄账户不具有办理资金收付结算的功能，其开立和使用应遵守《储蓄管理条例》的规定。

3. 是活期存款账户

这与单位定期存款账户不同，单位定期存款账户不具有结算功能，该类账户的开立和使用应遵守《人民币单位存款管理办法》的规定。

"银行"是指在中国境内经中国人民银行批准经营支付结算业务的政策性银行、商业银行（含外资独资银行、中外合资银行、外国银行分行）、城市信用合作社、农村信用合作社等金融机构。中国人民银行是银行结算账户的监督管理部门。

"存款人"是指在中国境内开立银行结算账户的机构、团体、部队、企业、事业单位、其他组织（以下统称单位）、个体工商户和自然人。

通过银行结算账户可以将资金从一方当事人向另一方当事人转移。

考点 2 银行结算账户的分类

银行结算账户按照存款人不同分为单位银行结算账户和个人银行结算账户（见表 2-1）。

单位银行结算账户按用途不同分为基本存款账户、一般存款账户、专用存款账户和临时存款账户。

表 2-1 银行结算账户的分类

单位银行结算账户	存款人以单位名称开立的银行结算账户为单位银行结算账户	个体工商户凭营业执照以字号或经营者姓名开立的银行结算账户纳入单位银行结算账户管理
个人银行结算账户	存款人凭个人身份证件以自然人名称开立的银行结算账户为个人银行结算账户	邮政储蓄机构办理银行卡业务开立的账户纳入个人银行结算账户管理

1. 基本存款账户

（1）基本存款账户的概念和使用范围。基本存款账户是指存款人因办理日常转账结算和现金收付需要开立的银行结算账户。它是存款人的主办账户。存款人日常经营活动的资金收付及其工资、奖金和现金的支取，应该通过该账户办理。存款人只能选择一家金融机构开立一个基本存款账户，不能多头开立基本存款账户。

下列存款人，可以申请开立基本存款账户：企业法人、非法人企业、机关、事业单位、团级（含）以上军队、武警部队及分散执勤的支（分）队、社会团体、民办非企业组织、异地常设机构、外国驻华机构、个体工商户、居民委员会、村民委员会、社区委员会、单位设立的独立核算的附属机构、其他组织。

（2）基本存款账户开户要求。存款人申请开立基本存款账户，应向银行出具下列证明文件：

1）企业法人应出具企业法人营业执照正本。

2）非法人企业，应出具企业营业执照正本。

3）个体工商户应出具个体工商户营业执照正本。

4）机关和实行预算管理的事业单位，应出具政府人事部门或编制委员会的批文或登记证书和财政部门同意其开户的证明。

5）非预算管理的事业单位应出具政府人事部门或编制委员会的批文或者登记证书。

6）军队、武警团级（含）以上单位以及分散执勤的支（分）队，应出具军队军级以上单位财务部门、武警总队财务部门的开户证明。

7）社会团体，应出具社会团体登记证书，宗教组织还应出具宗教事务管理部门的批文或证明。

8）民办非企业组织，应出具民办非企业登记证书。

9）外地常设机构，应出具其驻在地政府主管部门的批文。

10）外国驻华机构，应出具国家有关主管部门的批文或证明。

11）外资企业驻华代表处、办事处应出具个体工商户营业执照正本。

12）居民委员会、村民委员会、社区委员会，应出具其主管部门的批文或证明。

13）单位设立的独立核算的附属机构，应出具其主管部门的基本存款账户开户登记证和批文。

14）其他组织应出具政府主管部门的批文或证明。存款人如为从事生产、经营活动纳税人的，还应出具税务部门颁发的税务登记证。

2．一般存款账户

（1）一般存款账户的概念及使用范围。一般存款账户是指存款人因借款或者其他结算需要，在基本存款账户开户银行以外的银行营业机构开立的银行结算账户。

一般存款账户用于办理存款人借款转存、借款归还和其他结算资金收付。该账户可以办理现金缴存，但不得办理现金支取。

（2）一般存款账户的开户要求。存款人申请开立一般存款账户，应向银行出具下列证明文件：

1）基本存款账户开户资料以及开户登记证。

2）存款人因向银行借款需要，应出具借款合同。

3）存款人因其他结算需要，应出具有关证明。

3．专用存款账户

（1）专用存款账户的概念及使用范围。专用存款账户是指存款人按照法律、行政法规和规章，对其特定用途的资金进行专项管理和使用而开立银行结算账户。专用存款账户用于办理各项专用资金的收付。开立专用存款账户的目的是保证特定用途的资金专款专用，并有利于监督管理。

对下列资金的管理与使用，存款人可以申请开立专用存款账户：基本建设资金；更新改造资金；财政预算外资金；粮、棉、油收购资金；证券交易结算资金；期货交易保证金；信托基金；金融机构存放同业资金；政策性房地产开发资金；单位银行卡备用金；住房基金；社会保障基金；收入汇缴资金；业务支出资金；党、团、工会设在单位的组织机构经费；其他需要专项管理和使用的资金。

（2）专用存款账户的开户要求。存款人申请开立专用存款账户，应向银行出具下列证明文件：

1）出具其开立基本存款账户规定的证明文件。

2）基本存款账户开户登记证。

3）各项专用资金的有关证明文件。

4. 临时存款账户

（1）临时存款账户的概念及使用范围。临时存款账户是指存款人因临时需要并在规定期限内使用而开立的银行结算账户。临时存款账户用于办理临时机构以及存款人临时经营活动发生的资金收付。

（2）临时存款账户开户要求。

1）临时机构，应出具其驻在地主管部门同意设立临时机构的批文。

2）异地建筑施工及安装单位，应出具其营业执照正本或其隶属单位的营业执照正本，以及施工及安装地建设主管部门核发的许可证或建筑施工及安装合同，以及基本存款账户开户登记证。

3）异地从事临时经营活动的单位，应出具其营业执照正本以及临时经营地工商行政管理部门的批文，以及基本存款账户开户登记证。

4）注册验资资金，应出具工商行政管理部门核发的企业名称预先核准通知书或有关部门的批文。

5. 个人银行结算账户

（1）个人银行结算账户的概念及使用范围。个人银行结算账户是指自然人因投资、消费、结算等开立的可办理支付结算业务的存款账户。

个人银行结算账户用于办理转账收付和现金存取，储蓄账户仅限于办理现金存取业务，不得办理转账结算。

下列款项可以转入个人银行结算账户：工资、奖金收入；稿费、演出费等劳务收入；债券、期货、信托等投资的本金和收益；个人债券和产权转让收益；个人贷款转存；证券交易结算资金和期货交易保证金；继承、赠予款项；保险理赔、保费退款等款项；纳税退还；农、副产品销售收入；其他合法款项。

（2）个人银行结算账户开户要求。

1）中国内地居民应出具居民身份证或临时身份证。

2）中国人民解放军军人应出具军人身份证件。

3）中国人民武装警察应出具武警身份证件。

4）香港地区、澳门地区居民应出具港澳居民往来内地通行证。

5）台湾地区居民应出具台湾居民往来内地通行证或者其他有效旅行证件。

6）外国公民应出具护照。

7）法律、法规和国家有关文件规定的其他有效证件。

6. 异地银行结算账户

异地银行结算账户是存款人符合法定条件，根据需要在异地开立的账户。

（1）异地银行结算账户使用范围。存款人有下列情形之一的，可以在异地开立有关银行结算账户：

1）营业执照注册地与经营地不在同一行政区域（跨省、市、县），需要开立基本存款账户的。

2）办理异地借款和其他结算需要开立一般存款账户。

3）存款人因附属的非独立核算单位或派出机构发生的收入汇缴或业务支出需要开立专用存款账户的。

4）异地临时经营活动需要开立临时存款账户的。

5）自然人根据需要在异地开立个人银行结算账户的。

（2）异地银行结算账户开户要求。

1）经营地与注册地不在同一行政区域的存款人，在异地开立基本存款账户的，应出具注册地中国人民银行分支行的未开立基本存款账户的证明。

2）异地借款的存款人，在异地开立一般存款账户的，应出具在异地取得贷款的借款合同及基本存款账户开户许可证。

3）因经营需要在异地办理收入汇缴和业务支出的存款人，在异地开立专用存款账户的，应出具隶属单位的证明及基本存款账户开户许可证。

【提示】属于上述2）、3）项情况的，应出具其基本存款账户开户许可证。

二、银行结算账户管理的基本原则

考点　银行结算账户管理的基本原则

1. 一个基本账户原则

单位银行结算账户存款人只能在银行开立一个基本存款账户，不能多头开立基本存款账户。

2. 自主选择原则

存款人可以自主选择银行开立银行结算账户。除国家法律、行政法规和国务院规定外，任何单位和个人不得强令存款人到指定银行开立银行结算账户。

3. 守法合规原则

银行结算账户的开立和使用应当遵循法律、行政法规规定，不得利用银行结算账户进行偷逃税款、逃避债务、套取现金及其他违法犯罪活动。

4. 存款信息保密原则

银行应依法为存款人的银行结算账户信息保密，对单位或者个人银行结算账户的存款和有关资料，除国家法律、行政法规另有规定外，银行有权拒绝任何单位或个人查询。

三、银行结算账户的开立、变更和撤销

考点1　银行结算账户的开立

存款人开立的银行结算账户，需要核准的，应及时报送中国人民银行当地分支行核

准；不需要核准的，应在开户之后的法定期限内向中国人民银行当地分支行备案。

1. 核准类银行结算账户

存款人开立<u>基本存款账户、临时存款账户（因注册验资和增资验资开立的除外）</u>。预算单位专用存款账户和QFII专用存款账户实行核准制。中国人民银行当地分支行应于<u>2个工作日内</u>对开户银行报送的核准类账户的开户资料的合规性予以审核，符合开户条件的，予以核准，颁发开户许可证；不符合开户条件的，应在开户申请书上签署意见，连同有关证明文件一并退回报送银行，由报送银行转送存款人。开户许可证是中国人民银行依法准予申请人在银行开立核准类银行结算账户的行政许可证，是核准类银行结算账户合法性的有效证明。开户许可证有正本和副本之分，<u>正本由申请人保管；副本由申请人开户银行留存</u>。

2. 备案类银行结算账户

符合开立<u>一般存款账户、其他专用存款账户和个人银行结算账户</u>条件的，由存款人提出开立申请，银行审查后符合开立账户条件的，应办理开户手续，并于开户之日起<u>5个工作日内</u>向中国人民银行当地分支行备案。

考点2　银行结算账户的变更

银行结算账户的变更是指<u>存款人名称、单位法定代表人</u>或<u>主要负责人、住址</u>以及其他<u>开户资料发生的变更</u>。存款人因组织结构的变化需要变更银行账户名称的，应撤销原账户，再按银行结算账户管理的规定开立新账户。

存款人更改名称，但不改变开户银行及账号的，应于<u>5个工作日内</u>向开户银行提出银行结算账户变更申请，并出具有关部门的证明文件。

单位的法定代表人或者主要负责人、住址以及其他开户资料发生变更时，应于<u>5个工作日内</u>书面通知开户银行并提供有关证明。

银行接到存款人的变更通知后，应及时办理变更手续，并于<u>2个工作日内</u>向中国人民银行当地分支行报告。

考点3　银行结算账户的撤销

存款人有以下情形之一的，应向开户银行提出撤销银行结算账户的申请：

（1）<u>被撤并、解散、宣告破产或关闭的</u>。

（2）<u>注销、被吊销营业执照的</u>。

（3）<u>因迁址，需要变更开户银行的</u>。

（4）<u>其他原因需要撤销银行结算账户的</u>。

存款人有上述第（1）、（2）项情形的，应于<u>5个工作日内</u>向开户银行提出撤销银行结算账户的申请；<u>存款人尚未清偿其他开户银行债务的，不得申请撤销该账户</u>。

银行得知存款人有第（1）、（2）项情形的，<u>存款人超过规定期限未主动办理撤销银行结算账户手续的，银行有权停止其银行结算账户的对外支付</u>。

未获得工商行政管理部门核准登记的单位，在验资期满后，应向银行申请撤销注册验资临时存款账户，其账户资金应退还给原汇款人账户。存款人撤销银行结算账户，<u>必须与开户银行核对银行结算账户存款余额、交回各种重要空白票据及结算凭证和开户登记证，银行核对无误后方可办理销户手续</u>。

银行撤销单位银行结算账户时应在其"<u>基本存款账户</u>"开户登记证上注明销户日期并签章，同时于撤销银行结算账户之日起<u>2个工作日内</u>，向中国人民银行报告。

银行对1年未发生收付活动且未欠开户银行债务的单位银行结算账户，应通知单位自发出通知之日起30日内办理销户手续，逾期视同自愿销户，未划转款项列入久悬未取专户管理。

四、违反银行账户管理法律制度的法律责任

根据《账户管理办法》的规定，违反银行结算账户管理制度的罚款包括以下内容：存款人违反银行结算账户管理制度的处罚、银行及其工作人员违反银行结算账户管理制度的处罚。

考点1 存款人违反账户管理制度的处罚

1. 存款人开立、撤销银行结算账户不应有的行为

（1）违反规定开立银行结算账户。

（2）伪造、变造证明文件欺骗银行开立银行结算账户。

（3）违反规定不及时撤销银行结算账户。

非经营性存款人，有上述所列行为之一的，给予警告并处1 000元的罚款；经营性的存款人有上述所列行为之一的，给予警告并处以1万元以上3万元以下的罚款；构成犯罪的，移交司法机关依法追究刑事责任。

2. 存款人使用银行结算账户不应有的行为

（1）违反规定将单位款项转入个人银行结算账户。

（2）违反规定支取现金。

（3）利用开立银行结算账户逃避银行债务。

（4）出租、出借银行结算账户。

（5）从基本存款账户之外银行结算账户转账存入、将销货收入存入或现金存入单位信用卡账户。

非经营性存款人有上述行为之一的，给予警告并处以1 000元罚款；经营性存款人有上述行为之一的，给予警告并处5 000元以上3万元以下的罚款。

3. 存款人开户资料变更未在规定期内通知银行

存款人的法定代表人或主要负责人、存款人地址以及其他开户资料的变更事项，未在规定期限内通知银行，给予警告并处以1 000元的罚款。

4. 存款人违反规定，伪造、变造、私自印制开户登记证

对于非经营性的存款人处以1 000元罚款；对于经营性存款人处以1万元以上3万元以下的罚款；构成犯罪的，移交司法机关依法追究刑事责任。

总结：存款人违反账户管理制度的处罚如表2-2所示。

表2-2 存款人违反银行结算账户管理制度的处罚

违反银行结算账户管理制度事项	经营性存款人处罚金额	非经营性存款人处罚金额
法定代表人或主要负责人、存款人地址以及其他开户资料的变更事项，未在规定期限内通知银行	1 000元	
违反规定开立银行结算账户	1万元以上 3万元以下	
伪造、变造证明文件欺骗银行开立银行结算账户		
违反规定不及时撤销银行结算账户		
伪造、变造、私自印制开户登记证		

续表

违反银行结算账户管理制度事项	经营性存款人处罚金额	非经营性存款人处罚金额
违反规定将单位款项转入个人银行结算账户		
违反规定支取现金		
利用开立银行结算账户逃避银行债务	5 000 元以上 3 万元以下的罚款	1 000 元
出租、出借银行结算账户		
从基本存款账户之外的银行结算账户转账存入、将销货收入存入或现金存入单位信用卡账户		

考点2 银行及其工作人员违反银行结算账户结算管理制度的处罚

1. 银行在银行结算账户的<u>开立</u>中不应有的行为

（1）违反规定为存款人多头开立银行结算账户。

（2）明知或应知是单位资金，而允许以自然人名称开立账户存储。

<u>银行</u>有上述所列行为之一的，给予警告，并处以 5 万元以上 30 万元以下的罚款；对该银行直接负责的高级管理人员、其他直接责任的主管人员、直接责任人员按规定给予纪律处分；情节严重的，中国人民银行有权停止对其开立基本存款账户的核准，责令该银行停业整顿或者吊销经营金融业务许可证；构成犯罪的，移交司法机关依法追究刑事责任。

2. 银行在银行结算账户的<u>使用</u>中不应有的行为

（1）提供虚假开户申请资料欺骗中国人民银行许可开立基本存款账户、临时存款账户、预算单位专用存款账户。

（2）开立或撤销单位银行结算账户，未按规定在其基本存款账户开户登记证上予以登记、签章或通知相关开户银行。

（3）违反规定办理个人银行结算账户转账结算。

（4）为储蓄账户办理转账结算。

（5）违反规定为存款人支付现金或办理现金存入。

（6）超过期限或未向中国人民银行报送账户开立、变更、撤销等资料。

<u>银行</u>有上述行为之一的，给予警告，并处以 5 000 元以上 3 万元以下的罚款；对该银行直接负责的高级管理人员、其他直接负责的主管人员、直接责任人员按照规定给予纪律处分；情节严重的，中国人民银行有权停止其对开立基本存款账户的核准，构成犯罪的，移交司法机关依法追究刑事责任。

典型例题

【例题1·单选题】非经营性的存款人，违反规定开立银行结算账户、伪造、变造证明文件欺骗银行开立银行结算账户、违反规定不及时撤销银行结算账户，未构成犯罪的，给予的处罚是（   ）。

A. 警告并处以 500 元的罚款　　　　B. 警告并处以 1 000 元的罚款

C. 警告并处以 3 000 元的罚款　　　　D. 警告并处以 5 000 元的罚款

【答案】B

【解析】有下列行为之一的，对于非经营性的存款人，给予警告并处以 1 000 元的罚款：①违反规定开立银行结算账户；②伪造、变造证明文件欺骗银行开立银行结算账户；③违反规定不及时撤销银行结算账户。

【例题2·多选题】 下列关于支付结算的表述中，符合规定的有（　　）。

A. 单位银行账户分为基本存款账户、一般存款账户、临时存款账户和专用存款账户

B. 存款人只能选择一家银行的一个营业机构开立一个基本存款账户

C. 存款人可以通过基本存款账户办理工资、奖金等现金的支取

D. 存款人可以通过一般存款账户办理工资、奖金等现金的支取

【答案】 ABC

【解析】 一般存款账户可以办理现金缴存，但不得办理现金支取。

【例题3·单选题】 存款人可以开立一般存款账户的个数为（　　）。

A.1个　　　　　　B.2个　　　　　　C.3个　　　　　　D. 没有数量限制

【答案】 D

【解析】 开立基本存款账户的存款人都可以开立一般存款账户，且没有数量限制。

【例题4·多选题】 下列有关存款人申请开立基本存款账户的表述中，正确的有(　　)。

A. 外地常设机构，应出具其驻在地政府主管部门的批文

B. 独立核算的附属机构，应出具其主管部门的基本存款账户开户登记证和批文

C. 企业法人，应出具企业法人营业执照正本

D. 军队、武警连级（含）以上单位以及分散执勤的支（分）队，应出具军队军级以上单位财务部门、武警总队财务部门的开户证明

【答案】 ABC

【解析】 军队、武警团级（含）以上单位以及分散执勤的支（分）队，应出具军队军级以上单位财务部门、武警总队财务部门的开户证明。

【例题5·判断题】 符合开立一般存款账户条件的，银行应将存款人的开户申请书等资料报送中国人民银行当地分支行，经其核准后办理开户手续。（　　）

【答案】 ×

【解析】 开立一般存款账户，实行备案制，无须中国人民银行核准。

【例题6·单选题】 存款人因附属的非独立核算单位或派出机构的收入汇缴或业务支出需要开立的账户是（　　）。

A. 异地专用存款账户　　　　　　B. 异地基本存款账户

C. 异地临时存款账户　　　　　　D. 异地一般存款账户

【答案】 A

【解析】 存款人因附属的非独立核算单位或派出机构发生的收入汇缴或业务支出需要开立专用存款账户。

【例题7·多选题】 存款人申请开立一般存款账户，应提供的证明文件有（　　）。

A. 开立基本存款账户规定的证明文件　B. 基本存款账户开户许可证

C. 借款合同　　　　　　　　　　　D. 因其他结算需要的有关证明

【答案】 ABCD

【解析】 存款人申请开立一般存款账户，应向银行出具下列证明文件：①基本存款账户

的开户资料和开户登记证；②存款人因向银行借款需要，应出具借款合同；③存款人因其他结算需要，应出具有关证明。

【例题8·多选题】基本存款账户的使用范围为（　　　）。

A. 日常经营活动的资金收付　　　B. 工资的支取

C. 奖金的支取　　　D. 现金的支取

【答案】ABCD

【解析】基本存款账户主要办理存款人日常经营活动的资金收付及其工资、奖金和现金的支取。

【例题9·单选题】根据规定，主要用于办理存款人借款转存、借款归还和其他结算的资金收付账户的是（　　　）。

A. 一般存款账户　　　B. 基本存款账户

C. 专用存款账户　　　D. 临时存款账户

【答案】A

【解析】一般存款账户用于办理存款人借款转存、借款归还和其他结算的资金收付。该账户可以办理现金缴存，但不得办理现金支取。

第四节　票据结算方式

考纲重点分布

	1. 票据结算概述	理解
四、票据结算方式	2. 支票	掌握
	3. 商业汇票	掌握
	4. 银行汇票	掌握
	5. 银行本票	掌握

考点精解

一、票据结算概述

考点1　票据的概念与种类

根据我国《票据法》的规定，票据是由出票人依法签发的，约定自己或者委托付款人在见票时或指定的日期向收款人或持票人无条件支付一定金额的有价证券。

在我国，《票据法》上的票据主要包括银行汇票、商业汇票、银行本票和支票。

考点2　票据的特征

1. 票据是债权凭证和金钱凭证

持票人可以就票据上所载的金额向特定票据债务人行使其请求权，其性质是债权，所以票据是债权凭证。就债权的标的而言，持票人享有的权利就是请求债务人给付一定的金钱，所以，票据是一种金钱凭证。

2. 票据是设权证券

设权证券，是指权利的发生必须首先作成证券。票据上所表示的权利，是由出票这种票据行为而创设，没有票据，就没有票据上的权利。因此，票据是一种设权证券。

3. 票据是文义证券

与票据有关的一切权利义务，必须严格依照票据记载的文义而定，文义之外的任何理由、事项均不得作为依据。

考点3 票据的功能

1. 支付功能

票据可以充当支付工具，代替现金使用。对于当事人来讲，用票据支付可以消除现金携带的不便，克服点钞的麻烦，节省计算现金的时间。

2. 汇兑功能

票据可以替代货币在不同地方之间运送，方便异地之间的支付。如果异地之间使用货币，需要运送或携带，不仅费事费力，而且也不安全，大额货币的运送更是如此。如果只拿着一张票据到异地支付，相对而言既安全又方便。

3. 信用功能

票据可以作为信用工具，在商业和金融中发挥融资等作用。其中，在商品交易中，票据可以作为预付货款或延期付款的工具，发挥商业信用功能；在金融活动中，企业可以通过将尚未到期的票据向银行进行贴现，取得货币资金，以解决企业一时发生的资金周转困难。这时，票据就发挥了银行信用的作用。

4. 结算功能

这是票据作为货币给付的手段，可以用它在同城或异地的经济往来中，抵消不同当事人之间互相的收款、欠款或相互的支付关系，即通过票据交换，使各方收付相抵，相互债务冲减。这种票据结算的方式与使用现金相比，更加便捷、安全、经济。因而成为现代经济中支付结算的主要方式。

5. 融资功能

融资功能即融通资金或调度资金。票据的融资功能是通过票据的贴现、转贴现和再贴现实现的。

考点4 票据行为

票据行为是指票据当事人以发生票据债务为目的的、以在票据上签名或盖章为权利与义务成立要件的法律行为，包括出票、背书、承兑和保证四种。

1. 出票

出票是指出票人签发票据并将其交付给收款人的行为。

出票人在票据上的签章不符合《票据法》等规定的，票据无效；承兑人、保证人在票据上的签章不符合《票据法》等规定的，其签章无效，但不影响其他符合规定签章的效力；背书人在票据上的签章不符合《票据法》等规定的，其签章无效，但不影响其前手符合规定签章的效力。

2. 背书

背书是指持票人为将票据权利转让给他人或者将一定的票据权利授予他人行使，而在票据背面或者粘单上记载有关事项并签章的行为。

背书按照目的的不同分为转让背书和非转让背书。转让背书是以持票人将票据权利转让给他人为目的；非转让背书是将一定票据权利授予他人行使，包括委托收款背书和质押背书。

3. 承兑

承兑是指汇票付款人承诺在汇票到期日支付汇票金额并签章的行为。承兑仅适用于商业汇票。承兑不得附有条件，承兑附有条件的，视为拒绝承兑。付款人承兑汇票后，应承担到期付款的责任。

4. 保证

保证是票据债务人以外的人，为担保特定债务人履行票据债务而在票据上记载有关事项并签章的行为。

被保证的票据，保证人应当与被保证人对持票人承担连带责任。保证人为两人以上的，保证人之间承担连带责任。

票据到期后得不到付款的，持票人有权向保证人请求付款，保证人应当足额付款。

保证人清偿票据债务后，可以行使持票人对被保证人及其前手的追索权。

考点5　票据当事人

1. 基本当事人

票据的基本当事人是指将票据作成和交付时就已经存在的当事人，是构成票据法律的必要主体，包括出票人、付款人和收款人。在汇票及支票中有出票人、付款人与收款人。在本票中有出票人与收款人。付款人付款后，票据上的一切债务责任清除。

（1）出票人，是指以法定方式签发票据并将票据交付给收款人的人。

（2）收款人，是指票据到期后有权收取票据所载金额的人，又称票据权利人。

（3）付款人，是指由出票人委托付款或自行承担付款责任的人。

2. 非基本当事人

票据的非基本当事人是指在票据作成并交付后，通过一定的票据行为加入票据关系而享有一定权利、承担一定义务的当事人，包括承兑人、背书人、被背书人、保证人等。

（1）承兑人，是指接受汇票出票人的付款委托同意承担支付票款义务的人。

（2）背书人与被背书人，背书人是指在转让票据时，在票据背面签字或盖章，并将该票据交付给受让人的票据收款人或持有人；被背书人是指被记名受让票据或接受票据转让的人。

（3）保证人，是指为票据债务提供担保的人，由票据债务人以外的他人担当。

考点6　票据权利与责任

1. 票据权利

票据权利是指票据持票人向票据债务人请求支付票据金额的权利，包括付款请求权和追索权。

（1）付款请求权，是指持票人向汇票的承兑人、本票的出票人、支票的付款人出示票据要求付款的权利，是第一顺序权利，又称主要票据权利。行使付款请求权的持票人可以是票据记载的收款人或最后的被背书人。

（2）票据追索权，是指票据当事人行使付款请求权遭到拒绝或有其他法定原因存在时，向其前手请求偿还票据金额及其他法定费用的权利，是第二顺序权利，又称偿还请求权。行使追索权的当事人除票据记载的收款人和最后被背书人外，还可能是代为清偿票据债务的保证人、背书人。

2. 票据责任

票据责任是指票据债务人向持票人支付票据金额的责任。它是基于债务人特定的票据行为（如出票、背书、承兑等）而应承担的义务，不具有制裁性质，主要包括付款义务和偿还义务。

票据债务人承担票据义务一般有四种情况：

（1）汇票承兑人因承兑而应承担付款义务。

（2）本票出票人因出票而承担自己付款的义务。

（3）支票付款人在与出票人有资金关系时承担付款义务。

（4）汇票、本票、支票的背书人，汇票、支票的出票人、保证人，在票据不获承兑或不获付款时承担付款清偿责任。

二、支票

考点1 支票的概念及适用范围

支票是指出票人签发的，委托办理支票存款业务的银行在见票时无条件支付确定的金额给收款人或持票人的票据（见图2-1）。

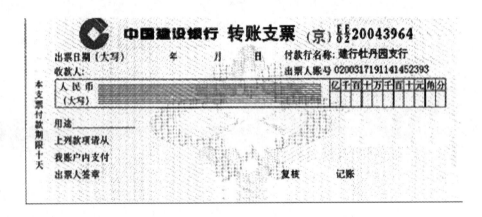

图2-1 支票样票

单位和个人的各种款项结算，均可以使用支票。2007年7月8日，中国人民银行宣布，支票可以实现全国范围内互通使用。

支票的基本当事人包括出票人、付款人和收款人。支票的出票人是签发支票的单位或个人，付款人是出票人的开户银行。

支票可以背书转让，但用于支取现金的支票不能背书转让。

考点2 支票的种类

按照支付票款的方式不同，支票可分为现金支票、转账支票和普通支票。

1. 现金支票

印有"现金"字样，只能用于支取现金。

2. 转账支票

印有"转账"字样，只能用于转账。

3. 普通支票

未印"现金"或"转账"字样，既可支取现金也可转账。

在普通支票左上角划两条平行线的，为划线支票，划线支票只能转账，不能支取现金。

考点3　支票的出票

1. 支票的绝对记载事项

（1）标明"支票"的字样。

（2）无条件支付委托。

（3）确定的金额。

（4）付款人名称。

（5）出票日期。

（6）出票人签章。

为了发挥支票灵活便利的特点，我国《票据法》规定了两项记载事项可以通过出票人授权补记的方式记载：一是支票的金额；二是支票的收款人名称。未补记前不得背书转让和提示付款。

2. 支票的相对记载事项

（1）付款地：根据《票据法》规定，支票上未记载付款地的，付款人的营业场所为付款地。

（2）出票地：根据《票据法》规定，支票上未记载出票地的，出票人的营业场所、住所或者经常居住地为出票地。

3. 出票的效力

出票人必须按照签发的支票金额承担保证向该持票人付款的责任。这一责任包括两项：

（1）出票人必须在付款人处存有足够可处分的资金，以保证支票票款的支付；

（2）当付款人对支票拒绝付款或者超过支票付款提示期限的，出票人应向持票人承担付款责任。

考点4　支票的付款

支票的付款是指付款人根据持票人的请求向其支付支票金额的行为。

支票限于见票即付，不得另行记载付款日期，另行记载付款日期的，该记载无效。

1. 提示付款期限

支票的持票人应当自出票日起10日内提示付款；异地使用的支票，其提示付款的期限由中国人民银行另行规定。超过提示付款期限提示付款的，付款人可以不予付款；但是付款人不予付款的，出票人仍应当对持票人承担票据责任。

2. 付款

出票人在付款人处的存款足以支付支票金额时，付款人应当在见票当日足额付款。

3. 付款责任的解除

付款人依法支付支票金额的，对出票人不再承担受委托付款的责任，对持票人不再承担付款的责任。但是，付款人以恶意或有重大过失付款的除外。因此造成损失的，由付款人承担赔偿责任。

考点5 支票的办理要求

1. 签发支票的要求

（1）签发支票应当使用碳素墨水或墨汁填写，中国人民银行另有规定的除外。

（2）签发现金支票和用于支取现金的普通支票，必须符合国家现金管理的规定。

（3）支票的出票人签发支票的金额不得超过付款时在付款人处实有的存款金额，禁止签发空头支票。

（4）支票的出票人预留银行签章是银行审核支票付款的依据，银行也可以与出票人约定使用支付密码，作为银行审核支付支票金额的条件。

（5）出票人不得签发与其预留银行签章不符的支票；使用支付密码的，出票人不得签发支付密码错误的支票。

（6）出票人签发空头支票、签章与预留银行签章不符的支票，使用支付密码的地区，支付密码错误的支票，银行应予以退票，并按票面金额处以5%但不低于1 000元的罚款；持票人有权要求出票人赔偿支票金额2%的赔偿金。对屡次签发的，银行应停止其签发支票。

2. 兑付支票的要求

（1）持票人可以委托开户银行收款或直接向付款人提示付款。用于支取现金的支票仅限于收款人向付款人提示付款。

（2）持票人委托开户银行收款时，应作委托收款背书，在支票背面背书人签章栏签章，记载"委托收款"字样、背书日期，在被背书人栏记载开户银行名称，并将支票和填制的进账单送交开户银行。

（3）持票人持用于转账的支票向付款人提示付款时，应在支票背面背书人签章栏签章，并将支票和填制的进账单交送出票人开户银行。

（4）收款人持用于支取现金的支票向付款人提示付款时，应在支票背面"收款人签章"处签章，持票人为个人的，还需交验本人身份证件，并在支票背面注明证件名称、号码及发证机关。

三、商业汇票

考点1 商业汇票的概念和种类

1. 概念

商业汇票是由出票人签发的，委托付款人在指定日期无条件支付确定金额给收款人或者持票人的票据。商业汇票的付款期限，最长不得超过6个月。

2. 种类

（1）根据承兑人的不同分为：商业承兑汇票（见图2-2）和银行承兑汇票（见图2-3）。

（2）根据到期日的不同分为：见票即付、定日付款、出票后定期付款和见票后定期付款的商业汇票。

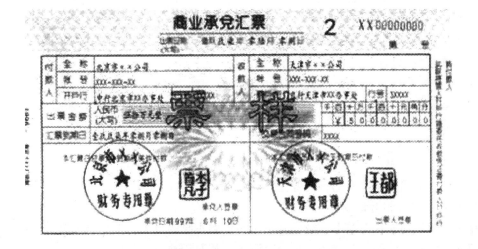

图 2-2　商业承兑汇票

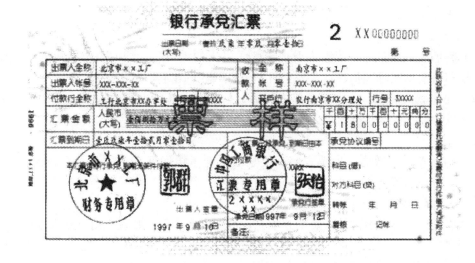

图 2-3　银行承兑汇票

考点 2　商业汇票的出票

1. 出票人的确定

（1）商业承兑汇票的出票人必须具备的条件：

1）在<u>银行</u>开立存款账户的<u>法人</u>以及<u>其他组织</u>。

2）与付款人具有<u>真实</u>的委托付款关系。

3）具有支付汇票金额的<u>可靠资金来源</u>。

（2）银行承兑汇票的出票人必须具备的条件：

1）在<u>承兑银行</u>开立存款账户的<u>法人</u>以及<u>其他组织</u>。

2）与承兑银行具有<u>真实</u>的委托付款关系。

3）资信状况良好，具有支付汇票金额的<u>可靠资金来源</u>。

2. 商业汇票的绝对记载事项

（1）标明商业承兑汇票或银行承兑汇票的字样。

（2）无条件支付的委托。

（3）确定的金额。

（4）付款人名称。

（5）收款人名称。

（6）出票日期。

（7）出票人签章。

欠缺记载上述事项之一的，商业汇票无效。

3. 商业汇票的相对记载事项

相对记载事项未在汇票上记载，并不影响汇票本身的效力，汇票仍然有效。该等未记载的事项可以通过法律的直接规定来补充确定。相对记载事项的内容主要包括：

（1）付款日期。未记载付款日期，视为见票即付。

（2）付款地。未记载付款地，付款人的营业场所、住所或者经常居住地为付款地。

（3）出票地。未记载出票地，出票人的营业场所、住所或者经常居住地为出票地。

4. 商业汇票出票的效力

（1）对收款人的效力。收款人取得出票人发出的汇票后，即取得票据权利（包括付款请求权和追索权），同时收款人享有依法转让票据的权利。

（2）对付款人的效力。出票是单方行为，付款人并不因此而有付款义务。只是基于出票人的付款委托使其具有承兑人的地位，在其对汇票进行承兑后，即成为汇票上的主要债务人。

（3）对出票人的效力。出票人签发汇票后，即承担保证该汇票承兑和付款的责任。出票人在汇票得不到承兑或者付款时，应当向持票人清偿法律规定的金额和费用。

考点3　商业汇票的承兑

商业承兑汇票可以由付款人签发并承兑，也可以由收款人签发交由付款人承兑。

1. 承兑程序

（1）提示承兑。定日付款、出票后定期付款的汇票，于到期日前向付款人提示承兑；见票后定期付款的汇票，自出票日起1个月内向付款人提示承兑。见票即付的汇票无需提示承兑。汇票未按照规定期限提示承兑，持票人丧失对其前手的追索权。

（2）承兑成立。

1）承兑时间。付款人对向其提示承兑的汇票，应当自收到提示承兑的汇票之日起3日内承兑或者拒绝承兑。如果付款人在3日内不作承兑与否表示的，则应视为拒绝承兑。

2）接受承兑。付款人收到持票人提示承兑的汇票时，应当向持票人签发收到汇票的回单。回单是付款人向持票人出具的已收到请求承兑汇票的证明。

3）承兑的格式。付款人承兑汇票的，应当在汇票正面记载"承兑"字样和承兑日期并签章；见票后定期付款的汇票，应当在承兑时记载付款日期。汇票未记载承兑日期的，以3日承兑期的最后一日为承兑日期。

4）退回已承兑的汇票。付款人依承兑格式填写完毕应记载事项并将已承兑的汇票退回持票人后才产生承兑的效力。

2. 承兑的效力

（1）承兑人于汇票到期日<u>必须</u>向持票人无条件地支付汇票上的金额，否则其必须承担延迟付款责任。

（2）承兑人<u>必须</u>对汇票上的一切权利人承担责任，该等权利人包括付款请求权人和追索权人。

（3）承兑人<u>不得</u>以其与出票人之间的资金关系来对抗持票人，拒绝支付汇票金额。

（4）承兑人的票据责任<u>不因</u>持票人未在法定期限提示付款而解除。

3. 承兑不得附有条件

付款人承兑商业汇票，不得附有条件；<u>承兑附有条件的，视为拒绝承兑。</u>

银行承兑汇票的承兑银行，应当按照票面金额向出票人收取<u>万分之五</u>的手续费。

考点 4 商业汇票的付款

商业汇票付款，是指付款人依据票据文义支付票据金额，以消灭票据关系的行为。

1. 提示付款

持票人应当按照下列法定期限提示付款：

<u>见票即付</u>的汇票，自<u>出票日起 1 个月内</u>向付款人提示付款；<u>定日付款、出票后定期付款和见票后定期付款</u>的汇票，自<u>到期日起 10 日内</u>向承兑人提示付款。

持票人<u>未</u>按照上述规定期限提示付款的，在作出说明后，<u>承兑人</u>或者付款人仍应当继续对持票人承担付款责任。

2. 支付票款

持票人付款提示后，付款人依法审查无误后必须无条件地在当日按票据金额足额支付给持票人。否则，应承担延迟付款的责任。<u>银行承兑汇票的出票人于汇票到期日未能足额交存票款时，承兑银行除凭票向持票人无条件付款外，对出票人尚未支付的汇票金额按照每日万分之五计收利息。</u>

付款人及其代理付款人付款时，应当审查汇票背书的连续，并审查提示付款人的合法身份证明或者有效证件。

3. 付款的效力

付款人依法足额付款后，全体汇票债务人的责任解除。

考点 5 商业汇票的背书

商业汇票的背书，是指以转让商业汇票权利或者将一定的商业汇票权利授予他人行使为目的，按照法定的事项和方式在商业汇票背面或者粘单上记载有关事项并签章的票据行为。汇票转让只能采用背书的方式，而不能仅凭单纯交付方式，否则就不产生票据转让的效力。

1. 背书的事项

（1）必须记载事项：背书人签章、被背书人名称。背书人背书时，必须在票据上签章，背书才能成立，否则，背书行为无效。汇票以背书转让或者以背书将一定的汇票权利授予他人行使时，必须记载被背书人名称。如果背书人未记载被背书人名称即将票据交付他人的，持票人在票据被背书人栏内记载自己的名称与背书人记载具有<u>同等法律效力</u>。

（2）相对记载事项：背书日期。背书未记载背书日期，<u>视为在汇票到期日前背书</u>。

（3）禁止背书的记载：如果<u>出票人</u>在汇票上记载"不得转让"字样，则该汇票不得转让。如果背书人在汇票上记载"不得转让"字样，其后手再背书转让的，原背书人对后手的被背书人不承担保证责任。

（4）背书时粘单的使用：票据凭证不能满足背书人记载事项的需要，可以加附粘单，粘附于票据凭证上。粘单上的第一记载人必须在粘单和汇票粘接处签章。

（5）背书附条件：背书时附有条件的，所附条件不具有汇票上的效力。背书依然有效。

（6）无效背书：将汇票金额的一部分背书（部分背书）或者将汇票金额分别转让给两人以上的背书（多头背书）无效。

2. 背书连续

背书连续是指在票据转让中，转让汇票的背书人与受让汇票的背书人在汇票上的签章依次前后衔接。如果背书不连续，付款人可以拒绝向持票人付款，否则付款人应自行承担责任。

背书连续主要是指背书在形式上连续，如果背书在实质上不连续，如有伪造签章等，付款人仍应对持票人付款。但是，如果付款人明知持票人不是真正票据权利人，则不得向持票人付款，否则应自行承担责任。

3. 法定禁止背书

被拒绝承兑、被拒绝付款或者超过付款提示期限三种情形下的汇票，不得背书转让；背书转让的，背书人应当承担汇票责任。

考点6　商业汇票的保证

1. 保证的当事人

保证是指票据债务人以外的第三人，为担保票据债务的履行所作的一种附属票据行为。保证的当事人为保证人与被保证人。商业汇票的债务可以由保证人承担保证责任。保证应由汇票债务人以外的他人承担，即保证人是指票据债务人以外的，为票据债务的履行提供担保而参与票据关系中的第三人。已成为票据债务人的，不得再充当票据上的保证人。商业汇票的债务人一旦由他人为其提供保证，在保证关系中就被称为被保证人。

2. 保证的格式

办理保证手续时，保证人必须在汇票或粘单上记载下列事项：

（1）表明"保证"字样。

（2）保证人名称和住所。

（3）被保证人的名称。

（4）保证日期。

（5）保证人签章。

票据保证事项必须记载于汇票或粘单上，如果另行签订保证合同或保证条款的，不属于票据保证。

保证不得附有条件；附有条件的，所附条件不影响对商业承兑汇票的保证责任。

3. 保证的效力

（1）保证人的责任。保证人应当与被保证人对持票人承担连带责任。

（2）共同保证人的责任。保证人为两人以上的，保证人之间承担连带责任。

（3）保证人的追索权。保证人清偿汇票债务后，可以行使持票人对被保证人及其前手的追索权。

四、银行汇票

考点1 银行汇票的概念和适用范围

1. 概念

银行汇票是由出票银行签发的，在见票时按照实际结算金额无条件支付给收款人或者持票人的票据（见图2-4）。

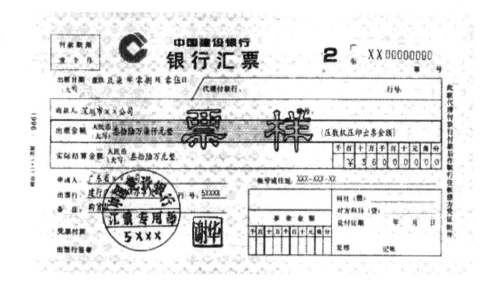

图2-4 银行汇票

2. 范围

单位和个人在异地、同城或同一票据交换区域的各种款项结算，均可使用银行汇票。

3. 联次

银行汇票一式四联。

第一联：卡片，为承兑行支付票款时作付出传票。

第二联：银行汇票，与第三联解讫通知一并由汇款人自带，在兑付行兑付汇票后此联做银行往来账付出传票。

第三联：解讫通知，在兑付行兑付后随报单寄签发行，由签发行作余款收入传票。

第四联：多余款通知，并在签发行结清后交汇款人。

考点2 银行汇票的记载事项

签发银行汇票必须记载下列事项：

（1）标明"银行汇票"的字样。

（2）无条件支付的承诺。

（3）确定的金额。

（4）付款人名称。

（5）收款人名称。

（6）出票日期。

（7）出票人签章。

汇票上未记载上述事项之一的，汇票无效。

考点3　银行汇票的基本规定

（1）银行汇票可以用于转账，标明"现金"字样的银行汇票也可以提取现金。签发现金银行汇票，申请人和收款人必须均为个人，单位不得签发现金银行汇票。

（2）银行汇票的付款人为银行汇票的出票银行，银行汇票的付款地为代理付款人或出票人所在地。

（3）银行汇票出票人在票据上的签章，应为经中国人民银行批准使用的该银行汇票专用章加其法定代表人或其授权经办人的签名或者盖章。

（4）银行汇票的付款期限自出票日起1个月内。持票人超过付款期限提示付款的，代理付款人（银行）不予受理。

（5）银行汇票可以背书转让，但填明"现金"字样的银行汇票不得背书转让。银行汇票的背书转让以不超过出票金额的实际结算金额为准。未填写实际结算金额或实际结算金额超过出票金额的银行汇票不得背书转让。

（6）填明"现金"字样和代理付款人的银行汇票丧失，可以由失票人通知付款人或者代理付款人挂失止付。未填明"现金"字样和代理付款人的银行汇票丧失，不得挂失止付。

（7）银行汇票丧失，失票人可以凭人民法院出具的其享有票据权利的证明，向出票银行请求付款或退票。

考点4　申办银行汇票的基本程序和规定

（1）申请人使用银行汇票，应向出票银行填写"银行汇票申请书"，填明收款人名称、汇票金额、申请人名称、申请日期等事项并签章，其签章为预留银行印鉴。

申请人或收款人为单位的，不得在"银行汇票申请书"上填明"现金"字样。

（2）出票银行受理银行汇票申请书，收妥款项后签发银行汇票，并用压数机压印出票金额，将银行汇票和解讫通知一并交给申请人。

（3）签发转账银行汇票，不得填写代理付款人名称，但由中国人民银行代理兑付银行汇票的商业银行，向设有分支机构地区签发转账银行汇票除外。

（4）申请人应将银行汇票和解讫通知一并交付给汇票上记明的收款人。银行汇票的实际结算金额低于出票金额的，其多余金额由出票银行退交申请人。

（5）申请人因银行汇票超过付款提示期限或其他原因要求退款时，应将银行汇票和解讫通知同时提交到出票银行，并提供本人身份证件或单位证明。

考点5　兑付银行汇票的基本程序和规定

（1）持票人向银行提示付款时，必须同时提交银行汇票和解讫通知，缺少任何一联，银行不予受理。

（2）未填明实际结算金额和多余金额或实际结算金额超过出票金额的，银行不予受理。银行汇票的实际结算金额不得更改，更改实际结算金额的银行汇票无效。

（3）持票人超过期限向代理付款银行提示付款不获付款的，必须在票据权利时效内向出票银行作出说明，并提供本人身份证件或单位证明，持银行汇票和解讫通知向出票银行请求付款。

五、银行本票

考点1　银行本票的概念

银行本票是<u>银行签发</u>的，承诺自己在<u>见票时无条件支付</u>确定的金额给收款人或者持票人的票据。

考点2　银行本票的适用范围

单位和个人在<u>同一票据交换区域</u>需要支付的各种款项，均可以使用银行本票。

银行本票可以用于转账，注明"现金"字样的银行本票<u>可以用于支取现金</u>。

考点3　银行本票的记载事项

必须记载事项：

（1）<u>表明"银行本票"的字样</u>。

（2）<u>无条件支付的承诺</u>。

（3）<u>确定的金额</u>。

（4）<u>收款人名称</u>。

（5）<u>出票日期</u>。

（6）<u>出票人签章</u>。

欠缺上列六项内容之一的，银行本票无效。<u>申请人或收款人为单位的，不得申请签发现金银行本票</u>。

考点4　银行本票的提示付款期限

银行本票的提示付款期限<u>自出票日起最长不得超过2个月</u>。持票人超过付款期限提示付款的，代理付款人不予受理。持票人超过提示付款期限不获付款的，在票据权利时效内向出票银行作出说明，并提供本人身份证件或单位证明，可持银行本票向出票银行请求付款。<u>本票的持票人未按照规定期限提示见票的，丧失对"出票人"以外的前手的追索权</u>。

总结：票据的提示承兑与提示付款期限见表2-3所示。

表2-3　票据的提示承兑与提示付款期限

票据种类		提示承兑期限	提示付款期限
汇票	见票即付	无须提示承兑	出票日起1个月
	定日付款	到期日前提示承兑	到期日起10日
	出票后定期付款		
	见票后定期付款	出票日起1个月	
本票		无须提示承兑	出票日起2个月
支票		无须提示承兑	出票日起10日

典型例题

【例题1·单选题】（　　）是票据的非基本当事人。

A. 出票人　　　B. 背书人　　　C. 付款人　　　D. 收款人

【答案】B

【解析】票据有三个基本当事人，即出票人、付款人和收款人。背书人、承兑人和保证人是非基本当事人。

【例题2·单选题】根据《支付结算法律制度》的规定，甲企业发现其持有由乙公司签发的销售金额为30万元的转账支票为空头支票后，可以向乙公司要求赔偿（　　）。

A. 25 000元　　　　B. 15 000元　　　C. 6 000元　　　D. 20 000元

【答案】C

【解析】出票人签发空头支票，持票人有权要求出票人赔偿支票金额2%的赔偿金。

【例题3·单选题】乙公司在与甲公司交易中获得300万元的汇票一张，付款人为丙公司。乙公司请求承兑时，丙公司在汇票上签注："承兑。甲公司款到后支付。"根据票据法律制度的规定，下列关于丙公司付款责任的表述中，正确的是（　　）。

A. 丙公司已经承兑，应承担付款责任

B. 应视为丙公司拒绝承兑，丙公司不承担付款责任

C. 甲公司给丙公司付款后，丙公司才承担付款责任

D. 按甲公司给丙公司付款的多少确定丙公司应承担的付款责任

【答案】B

【解析】付款人承兑汇票，不能附有条件；承兑附有条件的，视为拒绝承兑。

【例题4·单选题】背书人甲将一张100万元的汇票分别背书转让给乙和丙各50万元。根据票据法律制度的规定，下列有关该背书效力的表述中，正确的是（　　）。

A. 背书无效

B. 背书有效

C. 背书转让给乙50万元有效，转让给丙50万元无效

D. 背书转让给乙50万元无效，转让给丙50万元有效

【答案】A

【解析】部分背书和多头背书无效。

【例题5·判断题】以下为某汇票背面背书签章的示意图。该汇票背书连续，背书有效。（　　）

被背书人：甲公司	被背书人：乙公司	被背书人：丙公司
A公司财务专用章　张三印章	甲公司财务专用章　李四印章	乙公司财务专用章　王五印章

【答案】√

【解析】A公司将支票背书转让给甲公司，甲公司背书转让给乙公司，乙公司背书转让给丙公司，背书连续。

【例题6·单选题】根据票据法律制度的规定，支票的下列记载事项中，可由出票人授权补记的是（　　）。

A. 付款人名称　　B. 出票日期　　C. 收款人名称　　D. 出票人签章

【答案】C

【解析】我国《票据法》规定了两项记载事项可以通过出票人授权补记的方式记载：一是支票的金额；二是支票的收款人名称。

【例题7·单选题】根据《支付结算办法》的规定，支票的提示付款期限为自出票日起（　　）。

A. 5 日　　　　　　B. 10 日　　　　　　C. 15 日　　　　　　D. 30 日

【答案】B

【解析】支票的持票人应当自出票日起10日内提示付款。

【例题8·多选题】根据《支付结算办法》的规定，下列各项中，（　　）属于签发支票的要求。

A. 签发支票应使用碳素墨水或墨汁填写，中国人民银行另有规定的除外

B. 签发现金支票和用于支取现金的普通支票，必须符合国家现金管理的规定

C. 支票的出票人签发支票的金额不得超过付款时在付款人处实有的存款金额

D. 出票人不得签发与其预留银行签章不符的支票；使用支付密码的，出票人不得签发支付密码错误的支票

【答案】ABCD

【解析】签发支票的要求：①签发支票应当使用碳素墨水或墨汁填写，中国人民银行另有规定的除外。②签发现金支票和用于支取现金的普通支票，必须符合国家现金管理的规定。③支票的出票人签发支票的金额不得超过付款时在付款人处实有的存款金额，禁止签发空头支票。④支票的出票人预留银行签章是银行审核支票付款的依据，银行也可以与出票人约定使用支付密码，作为银行审核支付支票金额的条件。⑤出票人不得签发与其预留银行签章不符的支票。使用支付密码的，出票人不得签发支付密码错误的支票。⑥出票人签发空头支票、签章与预留银行签章不符的支票，使用支付密码的地区，支付密码错误的支票，银行应予以退票，并按票面金额处以5%但不低于1000元的罚款；持票人有权要求出票人赔偿支票金额2%的赔偿金。对屡次签发的，银行应停止其签发支票。

【例题9·单选题】根据《票据法》的规定，见票后定期付款的汇票，持票人应当自（　　）向付款人提示承兑。

A. 出票日起10日内　　　　　　B. 出票日起1个月内

C. 出票日起15日内　　　　　　D. 到期日起1个月内

【答案】B

【解析】见票后定期付款的汇票，持票人应当自出票日起1个月内向付款人提示承兑。

第五节　银行卡

考纲重点分布

五、银行卡	1. 银行卡的概念与分类	了解
	2. 银行卡账户与交易	掌握

考点精解

一、银行卡的概念与分类

考点1 银行卡的概念

银行卡是指经批准由商业银行（含邮政金融机构）向社会发行的具有<u>消费信用、转账结算、存取现金</u>等全部或部分功能的信用支付工具。

考点2 银行卡的分类

1. 按照发卡主体是否在境内分为<u>境内卡和境外卡</u>

境内卡是指由境内商业银行发行的，既可以在境内使用，也可以在境外使用的银行卡；境外卡是指由境外设立的外资金融机构或外资非金融机构发行的，可以在境内使用的银行卡。

2. 按照是否给予持卡人授信额度分为<u>信用卡和借记卡</u>

信用卡按照是否向发卡银行交存备用金分为<u>贷记卡和准贷记卡。贷记卡是指发卡银行给予持卡人一定的信用额度，持卡人可以在信用额度内先消费、后还款的信用卡；准贷记卡是指持卡人必须先按照发卡银行要求交存一定金额备用金，当备用金余额不足付款时，可以在规定的信用额度内透支</u>的信用卡。

借记卡按功能不同分为<u>转账卡、专用卡和储值卡。借记卡不能透支</u>。

3. 按照账户币种的不同分为<u>人民币卡、外币卡和双币卡</u>

人民币卡是指存款、信用额度均为人民币，并且应当以人民币偿还的银行卡；外币卡是指存款、信用额度均为外币，并且应当以外币偿还的银行卡；双币卡是指存款、信用额度同时有人民币和外币两个账户的银行卡。

4. 按信息载体不同分为<u>磁条卡和芯片卡</u>

磁条卡是以液体磁性材料或磁条为信息载体，将液体磁性材料涂覆在卡片上（如存折）或将宽约614mm的磁条压贴在卡片上（如常见的银联卡）。芯片卡容量大，其工作原理类似于微型计算机，能够同时具备多种功能。芯片卡又分为纯芯片卡和磁条芯片复合卡，现在正以其高安全性和多功能应用成为全球银行卡的发展趋势。

二、银行卡账户与交易

考点1 银行卡交易的基本规定

（1）单位人民币卡<u>可办理商品交易和劳务供应款项的结算，但不得透支</u>。单位卡不得支取现金。

（2）发卡银行对贷记卡的取现应当每笔进行授权，每卡每日累计取现不得超过限定额度。发卡银行应当对持卡人在自动柜员机（ATM机）取款设定交易上限，每卡每日累计提款不得超过 2 万元人民币。储值卡的面值或卡内币值不得超过 1 000 元人民币。

（3）发卡银行应当遵守的信用卡业务风险控制指标。同一持卡人单笔透支发生额<u>个人卡不得超过 2 万元</u>（含等值外币）、<u>单位卡不得超过 5 万元</u>（含等值外币）；同一账户<u>月透支余额个人卡不得超过 5 万元</u>（含等值外币），<u>单位卡不得超过发卡银行对该单位综合授信额度的3%。无综合授信额度可参照的单位，其月透支余额不得超过 10 万元</u>（含等值外币）。外币卡的透支额度不得超过持卡人保证金（含储蓄存单质押金额）的 80%。

（4）准贷记卡的透支期限最长为 60 天。贷记卡的首月最低还款额不得低于其当月透支余额的 10%。

（5）发卡银行追偿透支款项和诈骗款项途径。扣减持卡人保证金、依法处理抵押物和质押物；向保证人追索透支款项；通过司法机关的诉讼程序进行追偿。

考点 2　银行卡的资金来源

单位卡在使用过程中，需要向其账户续存资金的，一律从其基本存款账户转账存入，不得交付现金，不得将销货收入的款项存入其账户。

个人卡在使用的过程中，需要向其账户续存资金的，只限于其持有的现金存入和工资性款项以及属于个人的劳务报酬收入转账存入。严禁将单位的款项存入个人卡账户。

考点 3　银行卡的计息和收费

1. 计息

（1）发卡银行对准贷记卡及借记卡（不含储值卡）账户内的存款，按照中国人民银行规定的同期同档次存款利率及计息办法给付利息。

（2）发卡银行对贷记卡账户的存款、储值卡（含 IC 卡的电子钱包）内的币值不计付利息。

（3）贷记卡持卡人非现金交易享受如下优惠条件：

1）免息还款期待遇。银行记账日至发卡行规定的到期还款日之间为免息还款期。最长为 60 天。持卡人在到期还款日前偿还所使用全部银行款项即可享受免息还款期待遇，无须支付非现金交易的利息。

2）最低还款额待遇。持卡人在到期还款日前偿还所使用全部银行款项有困难的，可按照发卡银行规定的最低还款额还款。

贷记卡选择最低还款额或超过批准信用额度用卡，不得享受免息还款期待遇。贷记卡支取现金、准贷记卡透支，不享受免息还款期和最低还款额待遇。贷记卡透支按月收复利，准贷记卡透支按月计收单利。透支利率为日利率的 0.05%。

发卡银行对贷记卡持卡人未偿还最低还款额和超信用额度用卡的行为，应当分别按最低还款额部分、超过信用额度部分的 5% 收取滞纳金和超限费。

2. 收费

收费是指商业银行办理银行卡收单业务向商户收取结算手续费。

总结：贷记卡与准贷记卡见表 2-4 所示。

表 2-4　贷记卡与准贷记卡

比较项目	贷记卡	准贷记卡
区分标准	先消费后还款	先交备用金、后透支、后还款
优惠政策	（1）免息还款期：最长 60 天 （2）最低还款额：首月最低还款额不得低于其当月透支余额的 10%	透支期限为 60 天

续表

比较项目	贷记卡	准贷记卡
存款利息	无	有
透支利息	按月计收"复利"	按月计收"单利"
是否可透支	可透支	可透支

考点4 银行卡申领、注销和挂失

1. 银行卡的申领

凡在中国境内金融机构开立基本存款账户的单位,可凭中国人民银行核发的<u>开户许可证</u>申领单位卡。<u>单位卡可申领若干张</u>,持卡人资格由申领单位法定代表人或其委托的代理人书面指定和注销。

凡具有完全民事行为能力的公民,可凭本人有效身份证件及发卡银行规定的相关证明文件申领个人卡。个人卡的主卡持卡人,可为其配偶及年满<u>18周岁</u>的亲属申领附属卡,申领的附属卡<u>最多不得超过两张</u>,主卡持卡人有权要求注销其附属卡。

2. 银行卡的注销

持卡人在还清全部交易款项、透支本息和有关费用后,可申请办理销户。

针对信用卡,持卡人还清透支本息后,属于下列情况之一的,可以办理销户:

(1) 信用卡有效期满<u>45天后</u>,持卡人不更换新卡的。

(2) 信用卡挂失满<u>45天后</u>,没有附属卡又不更换新卡的。

(3) 信用卡被列入止付名单,发卡银行已收回其信用卡<u>45天的</u>。

(4) 持卡人死亡,发卡银行已收回其信用卡 45 天的。

(5) 持卡人要求销户或者担保人撤销担保,并已交回全部信用卡45天的。

(6) 信用卡账户<u>两年(含)以上</u>未发生交易的。

(7) 持卡人违反其他规定,发卡银行认为应该取消资格的。

发卡银行办理销户,应当收回信用卡。有效信用卡无法收回的,应当将其止付。销户时,<u>单位卡账户余额转入其基本存款账户,不得提取现金;个人卡账户可以转账结清,也可以提取现金</u>。

3. 银行卡的挂失

持卡人丧失银行卡,应立即持本人身份证件或其他有效证明,并按规定提供有关情况,向发卡银行或代办银行申请挂失。

典型例题

【例题1·多选题】信用卡按使用对象不同可以分为(   )。

A. 个人卡   B. 人民币卡   C. 单位卡   D. 外币卡

【答案】AC

【解析】信用卡按使用对象不同可以分为单位卡和个人卡。

【例题2·多选题】下列关于信用卡销户的说法中,正确的有(   )。

A. 信用卡销户时,单位卡账户余额可以提取现金

B. 信用卡销户时,单位卡账户余额转入其基本存款账户,不得提取现金

C. 信用卡销户时, 个人卡账户可以转账结清, 也可以提取现金

D. 信用卡销户时, 个人卡账户可以转账结清, 不得提取现金

【答案】BC

【解析】持卡人办理销户时, 如果账户内还有余额, 属单位卡的, 则应将该账户内的余额转入其基本存款账户, 不得提取现金; 个人卡账户可以转账结清, 也可以提取现金。

【例题3·多选题】持卡人透支, 在还清透支本息后, 下列各项中, 属于可申请办理销户的有(　　)。

A. 信用卡有效期满45天后, 持卡人不更换新卡的

B. 信用卡挂失满45天后, 没有附属卡又不更换新卡的

C. 信用卡被列入止付名单, 发卡银行已收回其信用卡45天的

D. 信用卡账户2年 (含2年) 以上未发生交易的

【答案】ABCD

【解析】持卡人还清透支本息后, 属于下列情况之一的, 可以办理销户: ①信用卡有效期满45天后, 持卡人不更换新卡的; ②信用卡挂失满45天后, 没有附属卡又不更换新卡的; ③信用卡被列入止付名单, 发卡银行已收回其信用卡45天的; ④持卡人死亡, 发卡银行已收回其信用卡45天的; ⑤持卡人要求销户或者担保人撤销担保, 并已交回全部信用卡45天的; ⑥信用卡账户两年 (含) 以上未发生交易的; ⑦持卡人违反其他规定, 发卡银行认为应该取消资格的。

第六节 其他结算方式

考纲重点分布

六、其他结算方式	1. 汇兑	掌握
	2. 委托收款	熟悉
	3. 托收承付	熟悉
	4. 国内信用证	熟悉

考点精解

一、汇兑

考点1 汇兑的概念和分类

汇兑是汇款人委托银行将其款项支付给收款人的结算方式。汇兑分为信汇和电汇两种, 由汇款人自行选择。

1. 信汇

信汇是汇款人向银行提出申请, 同时交存一定金额及手续费, 汇出行将信汇委托书以

邮寄方式寄给汇入行，授权汇入行向收款人解付一定金额的一种汇兑结算方式。

2. 电汇

电汇是汇款人将一定款项交存汇款银行，汇款银行通过电报或电传传给目的地的分行或代理行（汇入行），指示汇入行向收款人支付一定金额的一种汇款方式。

在这两种汇兑结算方式中，信汇的费用较低，但速度相对较慢，而电汇具有速度快的优点，但汇款人要负担较高的电报电传费用，因而通常只在紧急情况下或者金额较大时适用。

汇兑结算适用于各种经济内容的异地提现和结算，可以广泛用于企业向外地的单位、个体经济户和个人支付各种款项。

考点2 办理汇兑的程序

1. 签发汇兑凭证

签发汇兑凭证必须记载下列事项：

(1) 表明"信汇"或"电汇"的字样。

(2) 无条件支付的委托。

(3) 确定的金额。

(4) 收款人名称。

(5) 汇款人名称。

(6) 汇入地点、汇入行名称。

(7) 汇出地点、汇出行名称。

(8) 委托日期。

(9) 汇款人签章。

汇兑凭证上欠缺上列记载事项之一的，银行不予受理。

汇款人和收款人均为个人，需要在汇入银行支取现金的，应在信汇、电汇凭证的汇款金额大写栏，先填写"现金"字样，后填写汇款金额。

2. 银行受理

汇出银行受理汇款人签发的汇兑凭证，经审查无误后，应及时向汇入银行办理汇款，并向汇款人签发汇款回单。汇款回单只能作为汇出银行受理汇款的依据，不能作为该笔汇款已转入收款人账户的证明。

3. 汇入处理

汇入银行接收汇出银行的汇兑凭证之后，应审查汇兑凭证上联行专用章与联行报单印章是否一致，无误后，根据收款人的不同情况进行审查并办理付款手续。

汇入银行对开立存款账户的收款人，应将汇入款项直接转入收款人账户，并向其发出收账通知。收账通知是银行将款项确已收入收款人账户的凭据。

支取现金的，信汇、电汇凭证上必须有按规定填明的"现金"字样，才能办理。未填明现金字样，需要支取现金的，由汇入银行按照国家现金管理规定审查支付。

收款人需要委托他人向汇入银行支取款项的，应在取款通知上签章，注明本人身份证件名称、号码、发证机关和代理字样以及代理人姓名。代理人代理取款时，也应在取款通知上签章，注明其身份证件名称、号码及发证机关，并同时交验代理人和被代理人的身份证件。

如果收款人转账支付的，应由原收款人向银行填制支款凭证，并由本人交验其身份证办理支付款项。但该账户的款项只能转入单位或个体工商户的存款账户，严禁转入储蓄和信用卡账户。

如果转汇的，应由原收款人向银行填制信汇、电汇凭证，并由本人交验其身份证件。转汇的收款人必须是原收款人。原汇入银行必须在信汇、电汇凭证上加盖"转汇"戳记。

汇兑的基本程序如图2-5所示。

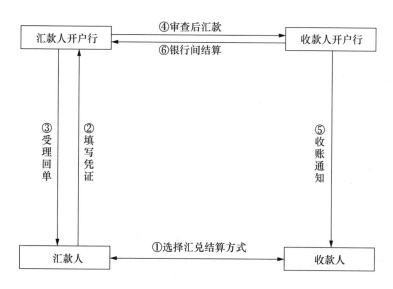

图2-5　汇兑的基本程序

考点3　汇兑的撤销和退汇

1. 汇兑的撤销

汇款人对汇出银行尚未汇出的款项可以申请撤销。申请撤销时，应出具正式函件或本人身份证件及原信汇、电汇回单。汇出银行查明确未汇出款项的，收回原信汇、电汇回单，方可办理撤销。但转汇银行不得受理汇款人或汇出银行对汇款的撤销。

2. 汇兑的退汇

汇款人对汇出银行已经汇出的款项可以申请退汇。转汇银行不得受理汇款人或汇出银行对汇款的撤销或退汇。

对在汇入银行开立存款账户的收款人，由汇款人与收款人自行联系退汇。如果汇款人与收款人不能达成一致退汇的意见，则不能办理退汇。

对在汇入银行未开立银行存款账户的收款人，汇款人应出具正式函件或本人身份证件以及原信汇、电汇回单，由汇出银行通知汇入银行，经汇入银行核实汇款确未支付，并将款项退回汇出银行，方可办理退汇。否则，不能办理退汇。

汇入银行对于收款人拒绝接受的汇款，应立即办理退汇。汇入银行对于向收款人发出取款通知，经过2个月无法交付的汇款，应主动办理退汇。

转汇银行不得受理汇款人或汇出银行对汇款的撤销或退汇。

二、委托收款

考点1 委托收款的概念

委托收款是指收款人委托银行向付款人收取款项的结算方式。单位和个人凭已承兑的商业汇票、债券、存单等付款人债务证明办理款项的结算，均可以使用委托收款结算方式。

委托收款在同城、异地均可以使用，其结算款项的划回方式分为邮寄和电报两种，由收款人选用。前者是以邮寄方式由收款人开户银行向付款人开户银行转送委托收款凭证、提供收款依据的方式，后者则是以电报方式由收款人开户银行向付款人开户银行转送委托收款凭证，提供收款依据的方式。

考点2 委托收款的记载事项

（1）表明"委托收款"的字样。

（2）确定的金额。

（3）付款人名称。

（4）收款人名称。

（5）委托收款凭据名称及附寄单证张数。

（6）委托日期。

（7）收款人签章。

委托收款人以银行以外的单位为付款人的，委托收款凭证必须记载付款人开户银行名称。

考点3 委托收款的结算规定

1. 委托收款办理方法

收款人办理委托收款应向银行提交委托收款凭证和有关的债务证明；银行接到寄来的委托收款凭证及债务证明，审查无误办理付款。

（1）以银行为付款人的，银行应在当日将款项主动支付给收款人。

（2）以单位为付款人的，银行通知付款人后，付款人应于接到通知的当日书面通知银行付款。

银行在办理划款时，付款人存款账户不能足额支付的，应通知被委托银行向收款人发出未付款项通知书。

2. 委托收款的注意事项

（1）付款人审查有关债务证明后，对收款人委托收款的款项有法定拒绝付款情形时，有权拒绝付款。

（2）收款人收取公用事业费，必须具有收付双方事先签订的经济合同，由付款人向开户银行授权，并经开户银行同意，报经中国人民银行当地分支行批准，可以使用同城特约委托收款。

委托收款的基本流程如图2-6所示。

三、托收承付

考点1 托收承付的概念

根据购销合同由收款人发货后委托银行向异地付款人收取款项，由付款人向银行承付的结算方式。

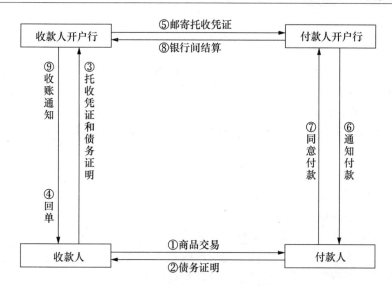

图 2-6 委托收款的基本流程

使用托收承付结算方式的收款单位和付款单位，<u>必须是国有企业、供销合作社以及经营管理较好，并经开户银行审查同意的城乡集体所有制工业企业</u>。

办理托收承付结算的款项，<u>必须是商品交易以及因商品交易产生的劳务供应的款项</u>。代销、寄销、赊销商品的款项不得办理托收承付结算。

托收承付结算每笔的金额起点为<u>1 万元</u>，新华书店系统每笔的金额起点为<u>1 000 元</u>。

考点 2 托收承付的结算规定

托收承付凭证记载事项：

（1）<u>表明"托收承付"的字样</u>。

（2）<u>确定的金额</u>。

（3）<u>付款人的名称和账号</u>。

（4）<u>收款人的名称和账号</u>。

（5）<u>付款人的开户银行名称</u>。

（6）<u>收款人的开户银行名称</u>。

（7）<u>托收附寄单证张数或册数</u>。

（8）<u>合同名称、号码</u>。

（9）<u>委托日期</u>。

（10）<u>收款人签章</u>。

收付双方使用托收承付结算方式<u>必须签有符合《合同法》的购销合同，并在合同上订明使用托收承付结算款项方式</u>。

考点 3 托收承付的办理方法

1. 托收

收款人按照签订的购销合同<u>发货后</u>，应将托收凭证并附发运凭证或其他符合托收承付结算的有关证明和交易单证送交银行。收款人开户银行接到托收凭证及其附件后，应当按照托收的范围、条件和托收凭证记载的要求对其进行审查，必要时还应查验收款人与付款人签订的购销合同。

2. 承付

购货单位承付货款有验单承付和验货承付两种方式。

验单承付期为3日，从购货单位开户银行发出通知的次日算起（承付期内遇法定节假日顺延）。验货付款的承付期为10日，从运输部门向付款人发出提货通知的次日算起，付款人在承付期内，未向银行表示拒绝付款，银行即视作承付，在承付期满的次日上午将款项划给收款人。

付款方若在验单或验货时发现货物的品种、规格、数量、质量、价格等与合同规定不符，可在承付期内提出全部或部分拒付的意见。拒付款项应填写"拒绝承付理由书"送交开户银行审查并办理拒付手续。

付款方在承付期满后，如果其银行账户内没有足够的资金承付货款，不足部分作延期付款处理。延期付款部分要按一定比例支付给收款方赔偿金。待付款方账户内有款项支付时，由付款方开户银行将欠款及赔偿金一并转给收款人。

3. 托收承付使用中需要注意的问题

（1）付款人不得在承付货款中扣抵其他款项或以前托收的款项。

（2）付款人逾期付款，付款人的开户银行将对付款人予以处罚。

（3）付款人在承付期可以向银行提出全部拒付和部分拒付，但必须填写"拒付理由书"并签章，注明拒付理由。

（4）收款人对被无理拒付的托收款项，在收到退回的结算凭证及其所附单证后，需要委托银行重办托收，应当填写四联"重办托收理由书"，将其中三联连同购销合同、有关证据和退回的原托收凭证及交易单证一并送交银行。

总结：委托收款与托收承付的区别如表2－5所示。

表2－5　委托收款与托收承付的区别

比较项目	委托收款	托收承付
适用主体	在银行开立账户的各种企业、经济组织或者个人	（1）国有企业 （2）供销合作社 （3）城乡集体所有制工业企业
适用款项	各种款项的结算	商品交易以及因商品交易而产生的劳务供应的款项
适用范围	同城、异地均可	异地
办理程序	简便	复杂

托收承付的基本流程如图2－7所示。

四、国内信用证

考点1　国内信用证的概念

国内信用证（简称信用证）是适用于国内贸易的一种支付结算方式，是开证银行依照申请人（购货方）的申请向受益人（销货方）开出的有一定金额、在一定期限内凭信用证规定的单据支付款项的书面承诺。

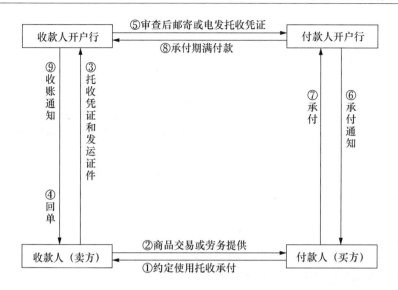

图 2 - 7 托收承付的基本流程

我国信用证为不可撤销、不可转让的跟单信用证。不可撤销信用证,是指信用证开具后在有效期内,非经信用证各有关当事人(即开证银行、开证申请人和受益人)的同意,开证银行不得修改或者撤销的信用证;不可转让信用证,是指受益人不能将信用证的权利转让给他人的信用证。

考点 2 国内信用证的结算方式

国内信用证结算方式只适用于国内企业之间商品交易产生的货款结算,并且只能用于转账结算,不得支取现金。

考点 3 国内信用证办理的基本程序

1. 开证

(1)开证申请。开证申请人使用信用证时,应委托其开户银行办理开证业务。开证申请书和承诺书是开证银行向受益人开立信用证的依据,也是开证银行与开证申请人之间明确各自权责的契约性文件。开证行根据申请人提交的开证申请书、信用证申请人承诺书及购销合同决定是否受理开证业务。

(2)受理开证。开证行决定受理开证业务时,应向申请人收取不低于开证金额20%的保证金,并可根据申请人资信情况要求其提供抵押、质押或由其他金融机构出具保函。

2. 通知

通知行收到信用证,应认真审核。审核无误的,应填制信用证通知书,连同信用证交付受益人。

3. 议付

议付是指信用证指定的议付行在单证相符条件下,扣除议付利息后向受益人给付对价的行为。议付行必须是开证行指定的受益人开户行。议付仅限于延期付款信用证。受益人可以在交单期或信用证有效期内向议付行提示单据、信用证正本及信用证通知书,并填制信用证议付委托收款申请书和议付凭证,请求议付。

实付议付金额按议付金额扣除议付日至信用证付款到期日前一日的利息计算,议付利率比照贴现利率。

议付行议付后，应将单据寄开证行索偿资金。议付行议付信用证后，对受益人具有追索权。到期不获付款的，议付行可以从受益人账户收取议付金额。

4. 付款

受益人在交单期或信用证有效期内向开证行交单收款，开证行对议付行寄交的委托收款凭证、单据及寄单通知书或受益人开户行寄交的凭证、单据等审核无误后，对即期付款信用证，从申请人账户收取款项支付给受益人；对延期付款信用证，应向议付行或受益人发出到期付款确认书，并于到期日从申请人账户收取款项支付给议付行或受益人。

申请人交存的保证金和其存款账户余额不足支付的，开证行仍应在规定的付款时间内进行付款。对不足支付的部分作逾期贷款处理。

典型例题

【例题1·多选题】 下列关于汇兑的说法中，正确的有（　　）。

A. 汇兑是汇款人委托银行将其款项支付给收款人的结算方式

B. 汇兑分为信汇和电汇两种

C. 只有单位的各种款项的结算，才可以使用汇兑结算方式

D. 汇兑适用于异地结算

【答案】 ABD

【解析】 汇兑适用于单位和个人的各种款项的结算。

【例题2·多选题】 签发汇兑凭证时，必须记载的事项有（　　）。

A. 表明"信汇"或"电汇"的字样

B. 无条件支付的委托和确定的金额

C. 收款人名称、汇款人名称、汇入地点和汇入行名称

D. 汇出地点、汇出行名称、委托日期和汇款人签章

【答案】 ABCD

【解析】 签发汇兑凭证必须记载下列事项：①表明"信汇"或"电汇"的字样；②无条件支付的委托；③确定的金额；④收款人名称；⑤汇款人名称；⑥汇入地点、汇入行名称；⑦汇出地点、汇出行名称；⑧委托日期；⑨汇款人签章。

【例题3·判断题】 委托收款在同城、异地均可以使用。（　　）

【答案】 √

【解析】 委托收款在同城、异地均可以使用。

【例题4·判断题】 办理托收承付的收款单位和付款单位可以是国有单位或者私营企业。

【答案】 ×

【解析】 使用托收承付结算方式的收款单位和付款单位，必须是国有企业、供销合作社以及经营管理较好，并经开户银行审查同意的城乡集体所有制工业企业。

第三章　税收法律制度

章节简介

本章是全书最难的一章，内容较多，但与今后的工作联系紧密。本章从经济和法律两个角度分别对税进行了阐述，实体法和程序法均有涉及。本章考试重点为第二节的主要税种，考生需要准确理解主要税种的基本知识，以便为今后的学习和工作打下良好的基础。

第一节　税收概述

考纲重点分布

一、税收概述	1. 税收的概念与分类	了解
	2. 税法及其构成要素	了解

考点精解

一、税收的概念与分类

考点1　税收的概念

税收是国家为了满足一般的社会共同需要，凭借政治的权力，按照国家法律规定的标准，强制地、无偿地取得财政收入的一种分配形式。

考点2　税收的作用

1. 税收是国家组织财政收入的主要形式和工具

税收是国家财政收入的最重要来源。税收在保证和实现财政收入方面起着重要的作用，主要表现在三个方面：一是由于税收具有强制性、无偿性和固定性，因而能保证收入的稳定；二是税收是按年、按季、按月征收，均匀入库，有利于财力调度，满足日常财政支出；三是税收的征收十分广泛，能从多方面筹集财政收入。

2. 税收是国家调控经济运行的重要手段

经济决定税收，税收反作用于经济。国家通过税种的设置以及在科目、税率、加成征收或减免税等方面的规定，可以调节社会生产、交换、分配和消费，促进社会经济的健康发展。

3. 税收具有维护国家政权的作用

国家政权是税收产生和存在的必要条件，而国家政权的存在又依赖于税收的存在。没有税收，国家机器就不可能有效运转。

4. 税收是国际经济交往中维护国家利益的可靠保证

在国际经济交往中，任何国家对本国境内从事生产经营的外国企业或个人都拥有税收管辖权，这是国家权益的具体体现。

考点3　税收的特征

税收与其他财政收入相比，具有强制性、无偿性和固定性三个特征。

1. 强制性

强制性是国家以社会管理者身份，凭借政治权力，通过颁布法律或法规来进行强制征税。负有纳税义务的社会集团和社会成员，都必须遵守国家强制性的税收法律制度，依法纳税，否则就要受到法律制裁。

2. 无偿性

国家取得税收收入既不需偿还，也不需对纳税人付出任何对价。税收的无偿性特征，是与税收是国家凭借政治权力进行收入分配的本质相关联的，它既不是凭借财产所有权取得的收入，也不像商品交换那样需要用使用价值的转换或提供特定服务取得收入。税收的无偿性至关重要，体现了财政分配的本质，它是税收"三性"的核心。

3. 固定性

固定性是指国家征税以法律形式预先规定征收范围和征收比例。税收的固定性既包括时间上的连续性，又包括征收比例的固定性。

考点4　税收的分类

我国的税种分类方式主要有：

1. 按征税对象分类，分为流转税、所得税、财产税、资源税和行为税

这是最常见的一种分类方法。

（1）流转税。以货物或劳务的流转额为征税对象的一类税收。我国现行的增值税、消费税、营业税和关税等都属于流转税类。

（2）所得税。也称收益税，是指以纳税人的各种所得额为课税对象的一类税收。现阶段，我国所得税类主要包括企业所得税和个人所得税。

（3）财产税。以纳税人所拥有或支配的特定财产为征税对象的一类税收。我国现行的房产税、契税、车船税等属于财产税。

（4）资源税。以自然资源和某些社会资源作为征税对象的一类税收。我国现行的资源税、土地增值税和城镇土地使用税等属于此类税收。

（5）行为税。也称特定行为目的税类，是指国家为了实现特定目的，以纳税人的某些特定行为为征税对象的一类税收。我国现行的车辆购置税、印花税、城市维护建设税等

属于此类税收。

2. 按征收管理的分工体系分类，可分为工商税类、关税类

（1）工商税类。由税务机关征收管理。工商税类是指从事工业、商业和服务业的单位和个人为纳税人的各种税收的总称，是我国现行税制的主体部分。

（2）关税类。由海关征收管理。关税类主要是指进出口关税以及由海关代征的进口环节增值税、消费税。

3. 按照税收征收权限和收入支配权限分类，可分为中央税、地方税和中央与地方共享税

（1）中央税。由中央政府征收和管理使用或者地方政府征税后全部划解中央，由中央所有和支配使用的一类税。如我国现行的消费税（含进口环节由海关代征的部分）、车辆购置税、关税、海关代征的进口环节增值税等为中央税。

（2）地方税。由地方政府征收、管理和支配的一类税收。地方税主要包括城镇土地使用税、耕地占用税、土地增值税、房产税、车船税、契税等。

（3）中央与地方共享税。税收收入由中央和地方政府按比例分享的税收。如增值税、营业税、企业所得税、个人所得税、资源税、城市维护建设税、印花税等。

4. 按照计税标准不同进行的分类，可分为从价税、从量税和复合税

（1）从价税。以课税对象的价格作为计税依据，一般实行比例税率和累进税率，税收负担比较合理。如我国现行的增值税、营业税、企业所得税、个人所得税等税种。

（2）从量税。以课税对象的实物量作为计税依据征收的一种税，一般采用定额税率。如我国现行的车船税、土地使用税、消费税中的啤酒和黄酒等。

（3）复合税。对征税对象采用从价和从量相结合的计税方法征收的一种税。如我国现行的消费税中对卷烟、白酒等征收的消费税。

总结：税收的分类如表3-1所示。

表3-1 税收的分类

分类标准	类型	代表税种
征税对象	流转税类	增值税、消费税、营业税、关税
	所得税类	企业所得税、个人所得税
	财产税类	房产税、车船税、契税
	资源税类	资源税、城镇土地使用税、土地增值税
	行为税类	印花税、城市维护建设税、车辆购置税
征收管理的分工体系	工商税类	绝大多数
	关税类	进出口关税、进口环节增值税和消费税及船舶吨税
征收权限和收入支配权限	中央税	关税、消费税、船舶吨税、海关代征的进口环节增值税和消费税
	地方税	房产税、车船税、土地增值税、城镇土地使用税、契税、耕地占用税等
	中央地方共享税	增值税、营业税、所得税、资源税
计税标准	从价税	增值税、营业税、房产税、所得税
	从量税	车船税、城镇土地使用税、消费税中的黄酒和啤酒
	复合税	消费税中的卷烟和白酒

二、税法及其构成要素

考点1 税法的概念

税法是国家权力机关和行政机关制定的用以调整国家与纳税人之间在征纳税方面的权利与义务关系的法律规范的总称，是国家法律的重要组成部分。目的是保障国家利益和纳税人的合法权益，维护正常的税收秩序，保证国家的财政收入。

考点2 税法的分类

1. 按照税法的功能作用的不同，将税法分为税收实体法和税收程序法

（1）税收实体法。规定税收法律关系主体的实体权利、义务的法律规范总称。税收实体法具体规定了各种税种的征收对象、征收范围、税目、税率、纳税地点等。如《中华人民共和国企业所得税法》、《中华人民共和国个人所得税法》就属于实体法。

（2）税收程序法。税务管理方面的法律规范。税收程序法主要包括税收管理法、纳税程序法、发票管理法、税务机关组织法、税务争议处理法等。如《税收征收管理法》、《海关法》、《进出口关税条例》等。

2. 按照主权国家行使税收管辖权的不同，可分为国内税法、国际税法和外国税法

（1）国内税法。一国在其税收管辖权范围内，调整国家与纳税人之间权利义务关系的法律规范的总称，是由国家立法机关和经由授权或依法律规定的国家行政机关制定的法律、法规和规范性文件。

（2）国际税法。两个或两个以上的课税权主体对跨国纳税人的跨国所得或财产征税形成的分配关系，并由此形成国与国之间的税收分配形式，主要包括双边或多边国家间的税收协定、条约和国际惯例。

（3）外国税法。外国各个国家制定的税收制度。

3. 按照税法法律级次划分，分为税收法律、税收行政法规、税收规章和税收规范性文件

（1）税收法律（狭义的税法），由全国人民代表大会及其常务委员会制定。税收法律地位和法律效力次于宪法。我国税法体系中，《企业所得税法》、《个人所得税法》和《税收征收管理法》等属于税收法律。

（2）税收行政法规，由国务院制定的有关税收方面的行政法规和规范性文件，由总理签署国务院令公布，主要形式有"条例"或"暂行条例"。税收行政法规的效力低于宪法、税收法律。目前，税收行政法规有《增值税暂行条例》、《消费税暂行条例》、《营业税暂行条例》、《企业所得税法实施条例》和《个人所得税法实施条例》等。

（3）税收规章和税收规范性文件，由国务院财税主管部门（财政部、国家税务总局、海关总署和国务院关税税则委员会）根据法律和国务院行政法规或者规范性文件的要求，在本部门权限范围内发布的有关税收事项的规章和规范性文件，包括命令、通知、公告、通告、批复、意见、函等文件形式。

考点3 税法的构成要素

税法的构成要素，是指各种单行税法具有共同的基本要素的总称。一般包括征税人、纳税义务人、征税对象、税目、税率、计税依据、纳税环节、纳税期限、纳税地点、减免税和法律责任等。其中，纳税义务人、征税对象、税率是构成税法的三个最基本的要素。

1. 征税人（"征税"主体）

征税人是指法律、行政法规规定代表国家行使税收征管职权的各级税务机关和其他征收机关。如增值税的征税人是税务机关，关税的征税人是海关。

2. 纳税义务人（纳税人，"纳税"主体）

纳税义务人是税法中规定的直接负有纳税义务的自然人、法人和其他组织。

3. 征税对象（课税对象）

征税对象也称课税对象，是指对什么征税。征税对象包括物或行为。征税对象是各个税种之间相互区别的根本标志，不同的征税对象构成不同的税种。

4. 税目

税目是征税对象的具体化，各个税种所规定的具体征税项目。规定税目主要目的是明确征税的具体范围和对不同的征税项目加以区分，从而制定高低不同的税率。

5. 税率

税率指应纳税额与征税对象的比例或征收额度，它是计算税额的尺度。税率是税法的核心要素，也是衡量税负轻重与否的重要标志。我国现行税率有三种基本形式，即比例税率、定额税率和累进税率。

（1）比例税率。对同一征税对象，不论金额大小都按同一比例纳税。我国的增值税、营业税、企业所得税等采用比例税率。

（2）定额税率，又称固定税率。它是当纳税对象为实物时使用的税率，适用于从量计征的税种。目前采用定额税率的有城镇土地使用税、车船税等。

（3）累进税率。随税基的增加而按其级距提高的税率。一般适用于对所得和财产征税。目前我国现行的累进税率包括超额累进税率和超率累进税率。我国现行的个人所得税实行的是超额累进税率，土地增值税实行的是超率累进税率。

6. 计税依据

计税依据又称计税标准、课税依据、课税基数、征税基数或税基，是计算应纳税额的根据。计税依据分为从价计征、从量计征、复合计征三种类型。

（1）从价计征。以计税金额为计税依据。如企业所得税是以应纳税所得额作为计税依据，消费税中的大部分应税消费品以销售额作为计税依据。计算公式为：

计税金额 = 征税对象的数量 × 计税价格

应纳税额 = 计税金额 × 适用税率

（2）从量计征。以征税对象的重量、体积、数量为计税依据。消费税中的黄酒、啤酒以吨数为计税依据；汽油、柴油以升数为计税依据。计算公式为：

应纳税额 = 计税数量 × 单位适用税额

（3）复合计征。既包括从量计征又包括从价计征，如我国现行的消费税中的卷烟、白酒等。计算公式为：

应纳税额 = 计税数量 × 单位适用税额 + 计税金额 × 适用税率

7. 纳税环节

纳税环节是指税法规定的征税对象在从生产到消费的流转过程中应当缴纳税款的环节。按照纳税环节的多少分为两类：

（1）一次课征制：税种纳税环节单一，如消费税。

（2）多次课征制：税种需要在两个或两个以上的多个环节征税，如增值税。

8. 纳税期限

纳税期限是纳税主体向税务机关缴纳税款的法定期限。

纳税期限大体上可分为两种：按次纳税和按期纳税。

9. 纳税地点

纳税地点是指纳税人依据税法规定向征税机关申报纳税的具体地点。

10. 减免税

国家对某些纳税人或课税对象给予鼓励或照顾的一种特殊规定。

（1）减税和免税。

1）减税是对应征税款减征一部分税款。

2）免税是对应征税款全部予以免征。

（2）起征点，又称征税起点或起税点。对征税对象开始征税的起点数额，征税对象的数额达到起征点的就全部数额征税，未达到起征点的不征税。起征点是税法规定的对课税对象开始征税的最低界限。

（3）免征额。税法规定的课税对象全部数额中免予征税的数额，是对所有纳税人的照顾。

【提示】当课税对象小于起征点和免征额时，都不予征税；当课税对象大于起征点和免征额时，起征点制度要对课税对象的全部数额征税，免征额制度仅对课税对象超过免征额部分征税。

11. 法律责任

税收法律责任是指税收法律关系的主体因违反税收法律规范所应承担的法律后果。主要包括：一是纳税主体（纳税人和扣缴义务人）因违反税法而应承担的法律责任；二是作为征税主体的国家机关，主要是实际履行税收征收管理职能的税务机关等，因违反税法而应承担的法律责任。

典型例题

【例题1·判断题】如果税法规定某一税种的起征点是800元，那么，超过起征点的，只对超过800元的部分征税。（　　　）

【答案】×

【解析】起征点是对征税对象开始征税的起点数额，征税对象的数额达到起征点的就全部数额征税，未达到起征点的不征税。

【例题2·判断题】现行《个人所得税法》规定，对工资、薪金所得以每月收入额减除费用3 500元后的余额为应纳税所得额，此处的3 500元就是工资薪金所得的起征点。（　　　）

【答案】×

【解析】征税对象总额中免予征税的数额，免征额的部分不征税，只就其超过免征额的部分征税。例如个人所得税工资薪金所得免征额为3 500元。

【例题3·多选题】下列属于流转税类的有（　　　）。

A. 营业税　　　　B. 所得税　　　　C. 消费税　　　　D. 资源税

【答案】AC

【解析】流转税类包括增值税、消费税、营业税和关税。

【例题4·单选题】在我国现行的下列税种中，属于行为税类的是（   ）。

A. 营业税   B. 房产税   C. 车船税   D. 印花税

【答案】D

【解析】本题考核行为税包括的税种。选项 A 营业税属于流转税，选项 B 房产税属于财产税，选项 C 车船税属于财产税，选项 D 印花税属于行为税。

【例题5·判断题】规定税目的主要目的是明确征税的具体范围和对不同的征税项目加以区分，从而制定高低不同的税率。（   ）

【答案】√

【解析】税目是征税对象的具体化，各个税种所规定的具体征税项目。规定税目主要目的是明确征税的具体范围和对不同的征税项目加以区分，从而制定高低不同的税率。

第二节　主要税种

考纲重点分布

二、主要税种	1. 增值税	掌握
	2. 营业税	掌握
	3. 消费税	掌握
	4. 企业所得税	掌握
	5. 个人所得税	掌握

考点精解

一、增值税

考点1　增值税的概念与分类

1. 概念

增值税是以商品（含应税劳务）在流转过程中产生的增值额作为计税依据而征收的一种流转税。

2. 分类

根据计算增值税时是否扣除固定资产价值，分为生产型增值税、收入型增值税和消费型增值税。

（1）生产型增值税。在计算增值税时，不允许扣除任何外购的固定资产价值。由于生产型增值税的税基中包含了外购固定资产的价值，对这部分价值存在着重复征税的问题，所以，生产型增值税属于一种不彻底的增值税，但客观上它可以抵制企业的固定资产投资。

（2）收入型增值税。计算增值税时，对外购固定资产价款只允许扣除计入当期产品价值的固定资产折旧部分。

（3）消费型增值税。计算增值税时，允许将当期购入的固定资产全部扣除。这样既可以彻底消除重复征税的问题，又有利于促进技术进步。它是世界上实行增值税的国家普遍采用的一种类型。我国从2009年1月1日起全面实行消费型增值税。

3. 增值税的改革

我国自1979年开始试行增值税，分别于1984年、1993年、2009年和2012年进行了四次重要改革。

1984年第一次改革，属于增值税的过渡阶段。此时的增值税是在产品税的基础上进行的，征税范围较窄，税率档次较多，计算方式复杂，留有产品税的痕迹，属变性增值税。

1993年第二次改革，属于增值税的规范阶段。参照国际通行做法，结合我国实际情况，扩大了征税范围，减并了税率，规范了计算方法，开始进入国际通行的规范化行列。

2009年第三次改革，属于增值税的转型阶段。自2009年1月1日起，符合规定的固定资产进项税额允许抵扣，实现了生产型增值税向消费型增值税的转型。

2012年起的第四次改革，属于增值税"营改增"阶段。交通运输业和部分现代服务业由征收营业税改为征收增值税，扩大了增值税的征税范围。

经国务院批准，自2013年8月1日起，在全国范围内开展交通运输业（除铁路运输外）和部分现代服务业"营改增"试点。自2014年1月起，"营改增"试点扩大到铁路运输和邮政服务业。自2014年6月1日起，将电信业纳入"营改增"试点范围。

考点2　增值税的征税范围

1. 征税范围的基本规定

（1）销售或者进口的货物。货物是指有形动产，包括电力、热力、气体在内。销售货物是指有偿转让货物的所有权。

（2）提供加工、修理修配劳务。加工是指受托加工货物，即委托方提供原料及主要材料，受托方按照委托方的要求制造货物并收取加工费的业务；修理修配是指受托对损伤和丧失功能的货物进行修复，使其恢复原状和功能的业务。提供加工、修理修配劳务是指有偿提供加工、修理修配劳务，但单位或个体经营者聘用的员工为本单位或雇主提供加工、修理修配劳务，不包括在内。

（3）提供的应税服务。应税服务是指陆路运输服务、水路运输服务、航空运输服务、管道运输服务、邮政普通服务、邮政特殊服务、邮政其他服务、研发和技术服务、信息技术服务、文化创意服务、物流辅助服务、有形动产租赁服务、鉴证咨询服务、广播影视服务等。

提供应税服务是指有偿提供应税服务，但不包括非营业活动中提供的应税服务。非营业活动是指：①非企业性单位按照法律和行政法规的规定，为履行国家行政管理和公共服务职能收取政府性基金或者行政事业性收费的活动；②单位或个体工商户聘用的员工为本单位或者雇主提供应税服务；③单位或个体工商户为员工提供应税服务；④财政部和国家税务总局规定的其他情形。

在中华人民共和国境内提供应税服务是指应税服务提供方或者接受方在境内。

【提示】下列情形不属于在境内提供应税服务：

（1）境外单位或者个人向境内单位或者个人提供完全在境外消费的应税服务；

（2）境外单位或者个人向境内单位或者个人出租完全在境外使用的有形动产；

（3）财政部和国家税务总局规定的其他情形。

1）交通运输业。是指使用运输工具将货物或者旅客送达目的地，使其空间位置得到转移的业务活动。包括陆路运输服务、水路运输服务、航空运输服务和管道运输服务。

①陆路运输服务，是指通过陆路（地上或者地下）运送货物或者旅客的运输业务，包括铁路运输和其他陆路运输（公路运输、缆车运输、索道运输、地铁运输、城市轻轨运输等）。

【提示】出租公司向使用本公司自有出租车的出租车司机收取的管理费用，按陆路运输服务征收增值税。

②水路运输服务，是指通过江、河、湖、川等天然、人工水道或者海洋航道运送货物或者旅客的运输业务活动。

【提示】远洋运输的程租、期租业务，属于水路运输服务。程租业务，是指远洋运输企业为租船人完成某一特定航次的运输任务并收取租赁费的业务。期租业务，是指远洋运输企业将配备有操作人员的船舶出租给他人使用一定期限，承租期内听候承租方调遣，不论是否经营，均按天向承租方收取租赁费，发生的固定费用（如人员工资、维修费用等）均由船东负担的业务。

③航空运输服务，是指通过空中航线运送货物或者旅客的运输业务活动。

【提示】航空运输的湿租业务，属于航空运输服务。湿租业务，是指航空运输企业将配备有机组人员的飞机承租给他人使用一定期限，承租期内听候承租方调遣，不论是否经营，均按一定标准向承租方收取租赁费，发生的固定费用（如人员工资、维修费用等）均由承租方负担的业务。

④管道运输服务，是指通过管道设施输送气体、液体、固体物质的运输业务活动。

2）邮政业。是指中国邮政集团公司及其所属邮政行业提供邮件寄递、邮政汇兑、机要通信和邮政代理等邮政基本服务的业务活动。包括邮政普通服务、邮政特殊服务和其他邮政服务。

【提示】邮政储蓄业务按照金融保险业税目征收营业税。

3）部分现代服务业。是指围绕制造业、文化产业、现代物流产业等提供技术性、知识性服务的业务活动。具体包括：

①研发和技术服务。包括研发服务、技术转让服务、技术咨询服务、合同能源管理服务、工程勘察服务。

②信息技术服务。包括软件服务、电路设计及测试服务、信息系统服务和业务流程管理服务。

③文化创意服务。包括设计服务、商标和著作权转让服务、知识产权服务、广告服务和会议展览服务。

④物流辅助服务。包括航空服务、港口码头服务、货运客运站服务、打捞求助服务、货物运输代理服务、代理报关服务、仓储服务和装卸搬运服务。

⑤有形动产租赁服务。包括有形动产融资租赁和有形动产经营性租赁。有形动产融资租赁，是指具有融资性质和所有权转移特点的有形动产租赁业务活动。即出租人根据承租人所要求的规格、型号、性能等条件购入有形动产租赁给承租人，合同期内设备所有权属

于出租人，承租人只拥有使用权，合同期满付清租金后，承租人有权按照残值购入有形动产，以拥有其所有权。不论出租人是否将有形动产残值销售给承租人，均属于融资租赁。有形动产经营性租赁，是指在约定时间内将物品、设备等有形动产转让他人使用且租赁物所有权不变更的业务活动。

【提示】远洋运输的光租业务、航空运输的干租业务，属于有形动产经营性租赁。

光租业务，是指远洋运输企业将船舶在约定的时间内出租给他人使用，不配备操作人员，不承担运输过程中发生的各项费用，只收取固定租赁费的业务活动。

干租业务，是指航空运输企业将飞机在约定的时间内出租给他人使用，不配备机组人员，不承担运输过程中发生的各项费用，只收取固定租赁费的业务活动。

4）电信业。包括基础电信服务、增值电信服务。

【提示】不动产租赁按"服务业——租赁业"征收营业税。

⑥鉴证咨询服务。包括认证服务、鉴证服务和咨询服务。代理记账按"咨询服务"征收增值税。

⑦广播影视服务。包括广播影视节目（作品）的制作服务、发行服务和播映（含放映）服务。

2. 征收范围的特殊规定

（1）视同销售货物。单位或个体经营者的下列行为，视同销售货物：

1）将货物交付其他单位或者个人代销。

2）销售代销货物。

3）设有两个以上机构并实行统一核算的纳税人，将货物从一个机构移送其他机构用于销售，但相关机构设在同一县（市）的除外。

4）将自产、委托加工的货物用于非增值税应税项目。

5）将自产、委托加工的货物用于集体福利或个人消费。

6）将自产、委托加工或购进的货物作为投资，提供给其他单位或个体工商户。

7）将自产、委托加工或购进的货物分配给股东或投资者。

8）将自产、委托加工或购进的货物无偿赠送其他单位或个人。

上述第5）项所称的"集体福利或个人消费"，是指企业内部设置的供职工使用的食堂、浴室、理发室、宿舍、幼儿园等福利设施及设备、物品等，或者以福利、奖励、津贴等形式发放给职工个人的物品。

（2）视同提供应税服务。单位和个体工商户的下列情形，视同提供应税服务：

1）向其他单位或者个人无偿提供交通运输业和部分现代服务业服务，但以公益活动为目的或者以社会公众为对象的除外；

2）财政部和国家税务总局规定的其他情形。

（3）混合销售。是指一项销售行为既涉及货物销售又涉及提供非增值税应税劳务的销售行为。非增值税应税劳务，是指属于应缴营业税的建筑业、金融保险业、文化体育业、娱乐业、服务业税目征收范围的劳务。

混合销售行为具有以下特征：一是在同一次交易中发生；二是涉及的是同一个纳税人（销售方）；三是涉及的是同一消费者；四是交易的内容既涉及货物又涉及非应税劳务。

除销售自产货物并同时提供建筑业劳务的行为或财政部、国家税务总局规定的其他情形外，从事货物的生产、批发或零售的企业、企业性单位和个体工商户的混合销售行为，视为销售货物，应当缴纳增值税；其他单位和个人的混合销售行为，视为提供非增值税应税劳务，不缴纳增值税。

纳税人销售自产货物并同时提供建筑业劳务的混合销售行为应当分别核算货物的销售额和非增值税应税劳务的营业额，并根据其销售货物的销售额计算缴纳增值税，非增值税应税劳务的营业额不缴纳增值税；未分别核算的，由主管税务机关核定其货物的销售额。

（4）兼营非应税劳务。是指纳税人的经营范围既包括销售货物和应税劳务，又包括提供非应税劳务。与混合销售行为不同的是，兼营非应税劳务是指销售货物或应税劳务与提供非应税劳务不同时发生在同一购买者身上，也不发生在同一项销售行为中。

纳税人兼营非增值税应税项目的，应分别核算货物或应税劳务的销售额和非增值税应税项目的营业额，未分别核算或者不能准确核算的，由主管税务机关核定货物或应税劳务的销售额。

（5）混业经营。纳税人兼有不同税率或者征收率的销售货物、提供加工修理修配劳务或者应税服务的，应当分别核算适用不同税率或征收率的销售额，未分别核算销售额的，从高适用税率或征收率。

总结：混合销售与兼营如表3-2所示。

表3-2 混合销售与兼营

项目	行为特征	分类	税务处理
混合销售	"一项"销售行为既涉及营业税应税项目，又涉及增值税应税项目	增值税混合销售	缴纳增值税
		营业税混合销售	缴纳营业税
兼营	纳税人"多元化"经营，既涉及营业税应税项目，又涉及增值税应税项目	增值税项目与营业税项目兼营	分别核算分别缴纳；未分别核算由税务机关"核定"
		一种税不同税目兼营（混业经营）	分别核算分别缴纳；未分别核算"从高"适用税率

考点3 增值税的纳税人

增值税纳税人是指税法规定负有缴纳增值税义务的单位和个人。按照经营规模的大小和会计核算健全与否等标准，增值税纳税人可分为一般纳税人和小规模纳税人。

1. 基本划分标准（见表3-3）

表3-3 增值税的纳税人基本划分标准

业务类型		指标	划分规则
传统增值税	生产型企业：从事货物生产或者提供应税劳务的纳税人，以及以从事货物生产或者提供应税劳务为主，并兼营货物批发或者零售的纳税人	年应征增值税销售额	≤50万元	小规模纳税人
			>50万元	一般纳税人
	其他纳税人：非生产企业（主营批发零售）		≤80万元	小规模纳税人
			>80万元	一般纳税人

业务类型	指标	划分规则	
营改增	应税服务 年销售额	≤500万元	小规模纳税人
		>500万元	一般纳税人

2. 不属于一般纳税人的情形

（1）年应税销售额未超过小规模纳税人标准的企业。

（2）除个体经营者以外的其他个人。

（3）非企业性单位。

（4）不经常发生增值税应税行为的企业。

【提示】

（1）年应税销售额超过小规模纳税人标准的其他个人按小规模纳税人纳税。

（2）非企业性单位、不经常发生应税行为的企业可选择按小规模纳税人纳税。

（3）小规模纳税人会计核算健全，能够提供准确税务资料的，可以向主管税务机关申请一般纳税人资格认定，成为一般纳税人。

（4）除国家税务总局另有规定外，一经认定为一般纳税人后，不得转为小规模纳税人。

考点4　增值税的扣缴义务人

中华人民共和国境外（以下简称境外）的单位或者个人在境内提供应税服务，在境内未设有经营机构的，以其代理人为增值税扣缴义务人；在境内没有代理人的，以接受方为增值税扣缴义务人。

境外单位或者个人在境内提供应税服务，在境内未设有经营机构的，扣缴义务人按照下列公式计算应扣缴税额：

应扣缴税额 = 接受方支付的价款 ÷（1 + 税率）× 税率

考点5　增值税税率和征收率（见表3-4）

表3-4　增值税税率和征收率

单位：%

	种类	税率
税率	基本税率	17
	低税率	13
		11
		6
	零税率	
征收率		3

1. 基本税率

增值税的基本税率为17%。

（1）纳税人销售或者进口货物，除税法另有规定以外，税率为17%。

（2）纳税人提供加工、修理修配劳务，税率为17%。

（3）纳税人提供有形动产租赁服务，税率为17%。

2. 低税率

除基本税率以外，下列货物按照低税率征收增值税：

（1）应税货物按照13%的低税率征收增值税。

1）粮食、食用植物油。

2）自来水、暖气、冷气、热水、煤气、石油液化气、天然气、沼气、居民用煤炭制品。

3）图书、报纸、杂志。

4）饲料、化肥、农药、农机（不包括农机零部件）、农膜。

5）国务院规定的其他货物。

（2）应税服务按照低税率征收增值税。

1）提供交通运输业服务、邮政业服务，税率为11%。

2）提供现代服务业服务（有形动产租赁服务除外），税率为6%。

3）提供基础电信服务，税率11%。提供增值电信服务，税率为6%。

3. 零税率

（1）纳税人出口货物，一般适用零税率，国务院另有规定的除外。

（2）单位和个人提供的国际运输服务、向境外单位提供的研发服务和设计服务以及财政部和国家税务总局规定的其他应税服务，税率为零。

4. 征收率

自2009年1月1日起，小规模纳税人增值税征收率调整为3%。纳税人提供适用不同税率或者征收率的应税服务，应当分别核算适用不同税率或者征收率的销售额；未分别核算的，从高适用税率。

考点6　增值税一般纳税人应纳税额的计算

我国增值税实行扣税法。一般纳税人凭增值税专用发票及其他合法扣税凭证注明税款进行抵扣，其应纳增值税的计算公式为：

应纳税额 = 当期销项税额 - 当期进项税额 = 当期销售额 × 适用税率 - 当期进项税额

1. 销售额

销售额是指纳税人销售货物、提供应税劳务或服务，向购买方收取的全部价款和价外费用，但不包括向购买方收取的销项税额，以及代为收取的政府性基金或者行政事业性收费。价外费用包括向对方收取的手续费、基金、补贴、违约金、滞纳金、集资费、代收款项、代垫款项以及其他各种性质的价外收费。

不含税销售额 = 含税销售额 ÷（1 + 适用税率）

【提示】纳税人按人民币以外的货币结算销售额的，其销售额的人民币折合率可以选择销售额发生的当天或者当月1日的人民币外汇中间价。纳税人应在事先确定采用何种折合率，确定后在1年内不得变更。

纳税人销售货物或提供劳务的价格明显偏低并无正当理由，或者有视同销售行为而无销售额的，由主管税务机关按以下顺序核定其销售额：

（1）按照纳税人最近时期销售货物或者提供同类应税劳务的平均价格确定。

（2）按照其他纳税人最近时期销售货物或者提供同类应税劳务的平均价格确定。

（3）按照组成计税价格确定。组成计税价格的公式为：

组成计税价格 = 成本(1 + 成本利润率)

成本利润率由国家税务总局确定。

2. 进项税额

进项税额是指纳税人购进货物或者接受应税劳务或服务所支付或者承担的增值税额。

准予从销项税额中抵扣的进项税额：

（1）从销售方取得的增值税专用发票上注明的增值税额。

（2）从海关取得的海关进口增值税专用缴款书上注明的增值税额。

（3）购进农产品，除取得增值税专用发票或者海关进口增值税专用缴款书外，按照农产品收购发票或者销货发票上注明的农产品买价和13%的扣除率，计算抵扣进项税额。

进项税额计算公式为：进项税额 = 买价 × 扣除率

（4）接受境外单位或者个人提供的应税服务，按照规定应当扣缴增值税的，准予从销项税额中抵扣的进项税额为从税务机关或者代理人取得的解缴税款的税收缴款凭证上注明的增值税额。

3. 不得抵扣的进项税额

（1）用于适用简易计税方法计税项目、非增值税应税项目、免征增值税项目、集体福利或者个人消费的购进货物、接受的加工修理修配劳务或者应税服务。

（2）非正常损失的购进货物及相关的加工修理修配劳务或者交通运输业服务。

（3）非正常损失的在产品、产成品所耗用的购进货物（不包括固定资产）、加工修理修配劳务或者交通运输业服务。

【提示】非正常损失是指因管理不善造成被盗、丢失、霉烂变质的损失，以及被执法部门依法没收或者强令自行销毁的货物。

（4）接受的旅客运输服务。

（5）纳税人取得的增值税扣税凭证不符合法律、行政法规或者国家税务总局有关规定。增值税扣税凭证包括增值税专用发票、海关进口增值税专用缴款书、农产品收购发票、农产品销售发票和税收缴款凭证。

【例3-1】某公司为增值税一般纳税人，2015年5月，公司向农业生产者购入免税农产品用于生产应税货物，在农产品收购发票上注明价款50 000元。购入原材料50 000元，增值税发票上注明的增值税额为8 500元。本月销售产品100 000元，适用的增值税税率为17%，则该企业本月应缴纳的增值税税额为多少？

本月增值税进项税额 = 50 000 × 13% + 8 500 = 15 000（元）

本月增值税销项税额 = 100 000 × 17% = 17 000（元）

本月应缴的增值税税额 = 17 000 - 15 000 = 2 000（元）

考点7 增值税小规模纳税人

小规模纳税人销售货物、提供应税劳务或者服务，实行按照销售额和征收率计算应纳税额的简易办法，并不得抵扣进项税额。其应纳税额计算公式为：

应纳税额 = 销售额 × 征收率

简易计税方法的销售额不包括其应纳税额，纳税人采用销售额和应纳税额合并定价方法的，按照下列公式计算销售额：

销售额 = 含税销售额 ÷（1 + 征收率）

一般纳税人提供财政部和国家税务总局规定的特定应税服务，可以选择适用简易计税方法计税，但一经选择，<u>36 个月内</u>不得变更。

【例 3 - 2】2015 年 5 月，某电器修理部（小规模纳税人）取得含税修理收入 41 200 元，则本月应纳增值税额为多少？

应纳税额 = 41 200 ÷（1 + 3%）× 3% = 1 200（元）

考点 8　增值税征收管理

1. 纳税义务发生时间

（1）采取<u>直接收款方式销售货物，不论货物是否发出，均为收到销售款或者取得索取销售款凭据的当天</u>；先开具发票的，为开具发票的当天。纳税人提供应税服务的，为收讫销售款或者取得销售款项凭据的当天；先开具发票的，为开具发票的当天。

（2）采取<u>托收承付和委托银行收款方式销售货物，为发出货物并办妥托收手续的当天</u>。

（3）采取<u>赊销和分期收款方式销售货物，为书面合同约定的收款当天，无书面合同或者书面合同没有约定收款日期的，为货物发出的当天</u>。

（4）采取<u>预收货款方式销售货物，为货物发出的当天</u>；但生产销售生产工期超过 12 个月的大型机械设备、船舶、飞机等货物，为收到预收款或者书面合同约定的收款日期的当天。

纳税人提供有形动产租赁服务采取<u>预收款方式</u>的，其纳税义务发生时间为<u>收到预收款的当天</u>。

（5）<u>委托其他纳税人代销货物，为收到代销单位的代销清单或者收到全部或者部分货款的当天。未收到代销清单及货款的，为发出代销货物满 180 天的当天</u>。

（6）提供应税劳务，为提供劳务同时收讫销售款或者取得索取销售款的凭据的当天。

（7）纳税人发生<u>视同销售货物行为</u>（委托代销除外），<u>为货物移送的当天</u>。纳税人发生视同提供应税服务行为的，其纳税义务发生时间为应税服务完成的当天。

（8）纳税人进口货物，纳税义务发生时间为<u>报关进口的当天</u>。

（9）增值税扣缴义务发生时间为纳税人增值税纳税义务发生的当天。

2. 纳税期限

根据《增值税暂行条例》的规定，增值税的纳税期限分为<u>1 日、3 日、5 日、10 日、15 日、1 个月或 1 个季度</u>。纳税人的具体纳税期限，由主管税务机关根据纳税人应纳税额的大小分别核定；以 1 个季度为纳税期限的规定适用于小规模纳税人以及财政部和国家税务总局规定的其他纳税人；不能按照固定期限纳税的，可以按次纳税。

纳税人以 1 个月或 1 个季度为一个纳税期的，自期满之日起<u>15 日内</u>申报纳税；以 1 日、3 日、5 日、10 日、15 日为一个纳税期限的，自期满之日起 5 日内预缴税款，于次月 1 日起 15 日内申报纳税并结清上月应纳税款。

纳税人进口货物，应当自海关填发海关进口增值税专用款缴纳书之日起<u>15 日内</u>缴纳税款。

3. 纳税地点

（1）固定业户应当向其机构所在地的主管税务机构申报纳税。总机构和分支机构不在同一县（市）的，应当分别向各自所在地的主管税务机关申报纳税；经国务院财政、税务主管部门或者其授权的财政、税务机关批准，可以由总机构汇总向总机构所在地的主管税务机关申报纳税。

固定业户到外县（市）销售货物或者提供劳务，应当向其机构所在地的主管税务机关申请开具《外出经营活动税收管理证明》，并向其机构所在地的主管税务机关申报纳税；未开具证明的，应当向销售地或者劳务发生地的主管税务机关申报纳税；未向销售地或者劳务发生地的主管税务机关申报纳税的，由其机构所在地的主管税务机关补征税款。

（2）非固定业户销售货物或者应税劳务，应当向销售地或劳务发生地的主管税务机关申报纳税；未向销售地或者劳务发生地的主管税务机关申报纳税的，由其机构所在地的主管税务机关补征税款。

（3）进口货物，应当向报关地海关申报纳税。

扣缴义务人应当向机构所在地或者居住地的主管税务机关申报缴纳其扣缴的税款。

二、营业税

考点1　营业税的概念

营业税是对在我国境内提供应税劳务、转让无形资产或销售不动产的单位和个人，就其所取得的营业额征收的一种税。

1. 在境内提供《营业税暂行条例》规定的劳务、转让无形资产或者销售不动产

（1）提供或者接受条例规定劳务的单位或者个人在境内。

（2）所转让的无形资产（不含土地使用权）的接受单位或者个人在境内。

（3）所转让或者出租土地使用权的土地在境内。

（4）所销售或者出租的不动产在境内。

2. 营业税具有的特点

（1）以营业收入额为计税依据，税源广泛。

（2）按行业大类设计科目、税率，税负公平合理。

（3）计征简便，便于征管。

考点2　营业税纳税人和扣缴义务人

在中国境内提供应税劳务、转让无形资产或者销售不动产的单位和个人，为营业税纳税人。

境外单位或者个人在境内提供应税劳务，转让无形资产或者销售不动产的，在境内未设有经营机构的，以境内代理人为营业税扣缴义务人；在境内没有代理人的，以受让方或购买方为营业税扣缴义务人。

考点3　营业税的税目和税率

1. 营业税税目

在"营改增"之前，营业税共有九个税目，分别是交通运输业、建筑业、邮电通信业、文化体育业、金融保险业、服务业、转让无形资产、销售不动产、娱乐业。

2013年8月1日起，将交通运输业（铁路运输业除外）和部分现代服务业营业税改征增值税（以下简称"营改增"）试点在全国范围内推开；2014年1月1日起，将铁路运输业和邮政服务业纳入"营改增"试点。至此，交通运输业已全部纳入"营改增"范围。2014年6月1日起，电信业也纳入"营改增"试点范围。

2. 营业税税率

营业税按照行业和经济业务的类别不同，分别采用不同的比例税率：

（1）建筑业、文化体育业的税率为3%。

（2）金融保险业、服务业（现代服务业除外）、转让无形资产、销售不动产的税率为5%。

（3）娱乐业的税率为5% ~ 20%。纳税人经营娱乐业具体适用的税率，由省、自治区、直辖市人民政府在《营业税暂行条例实施细则》规定的幅度内决定。

考点4 营业税应纳税额

1. 营业税的计税依据

营业税的计税依据是营业额，营业税的计算公式为：

应纳税额 = 营业额 × 税率

营业额是纳税人提供应税劳务、转让无形资产或者销售不动产所收取的全部价款和价外费用。价外费用包括向对方收取的手续费、基金、补贴、违约金、滞纳金、集资费、代收款项、代垫款项以及其他各种性质的价外收费。

【提示】凡是价外费用，无论作何会计核算，均应并入营业额，计算应纳税额。

【例3-3】A 酒店20 × ×年5月发生下列经济业务：

（1）歌舞厅收入85 000 元，其中：门票收入10 000 元，台位费收入5 000 元，点歌费收入50 000 元，烟酒费收入20 000 元。

（2）客房部收入100 000 元。该地区娱乐业税率为20%，计算应纳税额。

应纳税额 = 85 000 × 20% + 100 000 × 5% = 22 000 （元）

2. 营业额的基本规定

纳税人发生应税行为的价格明显偏低并无正当理由，或者有视同发生应税行为而无营业额的，由主管税务机关按以下顺序核定其营业额：

（1）按照纳税人最近时期同类应税行为的平均价格确定。

（2）按照其他纳税人最近时期同类应税行为的平均价格确定。

（3）按照组成计税价格确定。

营业额 = 营业成本 × （1 + 成本利润率）÷ （1 - 营业税税率）

其中成本利润率，由省、自治区、直辖市税务局确定。

考点5 营业税征收管理

1. 纳税义务发生时间

（1）营业税的纳税义务发生时间，为纳税人提供应税劳务、转让无形资产或者销售不动产并收讫营业收入款项或者取得索取营业收入款项凭据的当天。

（2）纳税人转让土地使用权或者销售不动产，采取预收款方式的，其纳税义务发生时间为收到预收款的当天。

（3）纳税人提供建筑业或者租赁业劳务，采取预收款方式的，其纳税义务发生时间为收到预收款的当天。

（4）纳税人将不动产或者土地使用权无偿赠送其他单位或者个人的，其纳税义务发生时间为不动产所有权、土地使用权转移的当天。

（5）纳税人自己新建（以下简称自建）建筑物后销售的，其纳税义务发生时间为销售自建建筑物的纳税义务发生时间。

（6）营业税扣缴义务发生时间为纳税人营业税纳税义务发生的当天。

2. 纳税期限

营业税纳税期限分别为5日、10日、15日、1个月或者1个季度。纳税人的具体纳税期限，由主管税务机关根据纳税人应纳税额的大小分别核定；不能按照固定期限纳税的，可以按次纳税。

纳税人以1个月或者1个季度为一个纳税期的，自期满之日起15日内申报纳税；以5日、10日或者15日为一个纳税期的，自期满之日起5日内预缴税款，于次月1日起15日内申报纳税并结清上月应纳税款。

银行、财务公司、信托投资公司、信用社、外国企业常驻机构的纳税期限为1个季度，自纳税期满之日起15日内申报纳税。保险业的纳税期限为1个月。

3. 纳税地点

（1）提供应税劳务。

一般情况：应当向其机构所在地或者居住地的主管税务机关申报纳税。

特殊情况：提供的建筑业劳务，应当向应税劳务发生地的主管税务机关申报纳税。

（2）转让无形资产。

一般情况：应当向其机构所在地或者居住地的主管税务机关申报纳税。

特殊情况：纳税人转让或出租土地使用权，应当向其土地所在地的主管税务机关申报纳税。

（3）销售不动产。

纳税人销售或出租不动产，应当向不动产所在地主管税务机关申报纳税。

三、消费税

考点1　消费税的概念

消费税是对在我国境内从事生产、委托加工和进口应税消费品的单位和个人，就其销售额或销售数量，在特定环节征收的一种流转税。我国实行的消费税是一次课征制的特别消费税，属于价内税。

考点2　消费税纳税人

凡在中国境内从事生产、委托加工及进口应税消费品的单位和个人，都是消费税纳税人。

单位包括国有企业、集体企业、私有企业、外商投资企业、外国企业、行政事业单位、军事单位、社会团体等。个人指个体经营者及其他个人。

考点3　消费税税目与税率

1. 消费税税目

根据《消费税暂行条例》的规定，2014年12月调整后我国消费税共有15个税目，分别为：①烟（包括卷烟、雪茄烟、烟丝等子目）；②酒（包括白酒、黄酒、啤酒、其他酒等子目）；③化妆品（主要针对彩妆，不包括护肤、护发产品）；④贵重首饰及珠宝玉石；⑤鞭炮、焰火；⑥成品油；⑦摩托车；⑧小汽车（包括乘用车、中轻型商客车等子目）；⑨高尔夫球及球具；⑩高档手表；⑪游艇；⑫木制一次性筷子；⑬实木地板；⑭电池；⑮涂料。

2. 消费税税率（见表 3 - 5）

（1）税率形式。

1）比例税率：供求矛盾突出、价格差异较大、计量单位不规范的消费品。

2）定额税率：如<u>黄酒、啤酒、成品油</u>。

3）复合税率：如<u>卷烟、白酒</u>。

（2）最高税率的应用。

纳税人兼营不同税率的应缴消费税的消费品，未分别核算销售额、销售数量，或者将不同税率的应税消费品组成成套消费品销售的，<u>从高适用税率</u>。

表 3 - 5　消费税税目税率表

税目	税率
一、烟	
1. 卷烟	
（1）甲类卷烟	56% 加 0.003 元/支（生产环节）
（2）乙类卷烟	36% 加 0.003 元/支（生产环节）
（3）批发环节	11% 加 0.005 元/支
2. 雪茄烟	36%
3. 烟丝	30%
二、酒及酒精	
1. 白酒	20% 加 0.5 元/500 克（或者 500 毫升）
2. 黄酒	240 元/吨
3. 啤酒	
（1）甲类啤酒	250 元/吨
（2）乙类啤酒	220 元/吨
4. 其他酒	10%
三、化妆品	30%
四、贵重首饰及珠宝玉石	
1. 金银首饰、铂金首饰和钻石及钻石饰品	5%
2. 其他贵重首饰和珠宝玉石	10%
五、鞭炮、焰火	15%
六、成品油	
1. 汽油	1.52 元/升
2. 柴油	1.20 元/升
3. 航空煤油	1.20 元/升
4. 石脑油	1.52 元/升
5. 溶剂油	1.52 元/升
6. 润滑油	1.52 元/升
7. 燃料油	1.20 元/升
七、摩托车	
1. 气缸容量（排气量，下同）在 250 毫升（含 250 毫升）以下	3%
2. 气缸容量在 250 毫升以上的	10%

税目	税率
八、小汽车	
1. 乘用车	
（1）气缸容量（排气量，下同）在 1.0 升（含 1.0 升）以下的	1%
（2）气缸容量在 1.0 升以上至 1.5 升（含 1.5 升）的	3%
（3）气缸容量在 1.5 升以上至 2.0 升（含 2.0 升）的	5%
（4）气缸容量在 2.0 升以上至 2.5 升（含 2.5 升）的	9%
（5）气缸容量在 2.5 升以上至 3.0 升（含 3.0 升）的	12%
（6）气缸容量在 3.0 升以上至 4.0 升（含 4.0 升）的	25%
（7）气缸容量在 4.0 升以上的	40%
2. 中轻型商用客车	5%
九、高尔夫球及球具	10%
十、高档手表	20%
十一、游艇	10%
十二、木制一次性筷子	5%
十三、实木地板	5%
十四、电池	4%
十五、涂料	4%

考点4 消费税的纳税环节

1. 生产环节

纳税人生产的应税消费品，对外销售的，在销售时纳税。纳税人将生产的应税消费品换取生产资料、消费资料、投资入股、偿还债务，以及用于继续生产应税消费品以外的其他方面都需要缴纳消费税。

2. 委托加工环节

（1）委托加工，是指由委托方提供原料或主要材料，受托方只收取加工费和代垫部分辅助材料进行加工。

（2）委托加工的应税消费品，按照受托方（而非委托方）的同类消费品的销售价格计征消费税；没有同类消费品销售价格的，按照组成计税价格计征消费税。

（3）委托方是消费税的纳税义务人，委托加工的应税消费品，除受托方为个人外，由受托方在向委托方交货时代收代缴消费税税款；委托个人加工的应税消费品，由委托方收回后缴纳消费税。

（4）纳税人委托加工应税消费品的，消费税的纳税义务发生时间为纳税人提货的当天。

（5）委托方将收回的应税消费品，以不高于受托方的计税价格出售的，为直接出售，不再缴纳消费税；委托方以高于受托方的计税价格出售的，不属于直接出售，需按照规定申报缴纳消费税，在计税时准予扣除受托方已代收代缴的消费税。

（6）委托加工的应税消费品，委托方用于连续生产应税消费品的，所纳税款准予按规定抵扣。

3. 进口环节

进口应税消费品，应缴纳关税、进口消费税和进口增值税。

4. 零售环节

金银首饰、钻石及钻石饰品、铂金首饰的消费税在零售环节纳税。

纳税人采取以旧换新方式零售金银首饰，按其实际收取的不含增值税的全部价款征收消费税。

对既销售金银首饰，又销售非金银首饰的生产、经营单位，应将两类商品划分清楚，分别核算销售额。凡划分不清楚或不能分别核算的，在生产环节销售的，一律从高适用税率征收消费税；在零售环节销售的，一律按金银首饰征收消费税。金银首饰与其他产品组成成套消费品销售的，应按销售额全额征收消费税。

金银首饰连同包装物一起销售的，无论包装物是否单独计价，也无论会计上如何核算，均应并入金银首饰的销售额，计征消费税。

带料加工的金银首饰，应按受托方销售的同类金银首饰的销售价格确定计税依据征收消费税。没有同类金银首饰销售价格的，按照组成计税价格计算纳税。

5. 批发环节

自 2009 年 5 月 1 日起，在卷烟的"批发环节"加征一道 5% 的从价消费税。自 2015 年 5 月 10 日起，将卷烟批发环节从价税税率由 5% 提高至 11%，并按 0.005 元/支加征从量税。

考点 5　消费税应纳税额

1. 从价定率征收

从价定率征收，即根据不同的应税消费品确定不同的比例税率。

实行从价定率的计算公式为：

应纳税额 = 销售额 × 比例税率

销售额是纳税人销售应税消费品向购买方收取的全部价款和价外费用，但不包括向购货方收取的增值税税款。

销售额的确定：①其他价外费用，均并入销售额计算征税。②含增值税销售额的换算。计算公式为：

应税消费品的销售额 = 含增值税的销售额 ÷（1 + 增值税税率或征收率）

【例 3-4】某化妆品生产企业为增值税一般纳税人，2015 年 5 月 10 日向某商场销售化妆品一批，开具增值税专用发票，取得不含税销售额 100 000 元，增值税额 17 000 元。5 月 20 日向某单位销售化妆品一批，开具普通发票，取得含税收入 585 000 元。化妆品适用的消费税税率为 30%。计算该企业 5 月份应缴纳的消费税。

该企业销售化妆品的应税销售额 = 100 000 + 585 000 ÷（1 + 17%）= 600 000（元）

该企业 5 月份应缴纳的消费税税额 = 600 000 × 30% = 180 000（元）

2. 从量定额征税

从量定额征收，即根据不同的应税消费品确定不同的单位税额。

实行从量定额计税的计算公式为：

应纳税额 = 应税消费品的销售数量 × 单位税额

【例3-5】某酒厂2015年5月销售啤酒600吨，每吨出厂价格2 500元。已知啤酒每吨售价为3 000元以下的，适用单位税额220元。计算该酒厂5月份缴纳的消费税。

该酒厂5月份应纳消费税税额 = 600 × 220 = 132 000（元）

3. 从价定率和从量定额复合计征

卷烟、白酒采用从量定额与从价定率相结合的复合计税的方法。

复合计征计算公式为：

应纳税额 = 销售额 × 比例税率 + 销售数量 × 定额税率

【例3-6】某酒厂为增值税一般纳税人，2015年5月销售白酒1 000斤，取得销售收入11 700元（含增值税）。已知白酒消费税定额税率为0.5元/斤，比例税率为20%，计算该酒厂5月应缴纳的消费税税额。

该酒厂5月应缴纳的消费税税额 = 11 700 ÷（1 + 17%）× 20% + 1 000 × 0.5 = 2 500（元）

4. 应税消费品已纳税款的扣除

（1）以外购的已税消费品为原料连续生产销售的应税消费品，在计税时应按当期生产领用数量计算准予扣除外购的应税消费品已纳的消费税税款。

（2）委托加工的应税消费品收回后直接出售的，不再征收消费税。

5. 自产自用应税消费品应纳税额

纳税人自产自用的应税消费品，用于连续生产应税消费品的，不纳税；用于其他方面的，视同销售，应按照纳税人生产的同类消费品的销售价格计算纳税，没有同类消费品销售价格的，按照组成计税价格计算纳税。

（1）实行从价定率的组成计税价格。

1）组成计税价格 = 成本 ×（1 + 成本利润率）÷（1 - 消费税比例税率）

2）应纳消费税 = 成本 ×（1 + 成本利润率）÷（1 - 消费税比例税率）× 消费税比例税率

【例3-7】某企业（增值税一般纳税人）将自产的一批鞭炮用于职工福利。已知该批鞭炮的成本为6 000元，成本利润率为5%，消费税税率为15%。假定无同类产品的销售价格。

应纳消费税 =［6 000 ×（1 + 5%）］÷（1 - 15%）× 15% = 1 111.76(元)

增值税销项税额 =［6 000 ×（1 + 5%）］÷（1 - 15%）× 17% = 1 260(元)

（2）实行复合计税的组成计税价格。

1）组成计税价格 =［成本 ×（1 + 成本利润率）+ 自产自用数量 × 消费税定额税率］÷（1 - 消费税比例税率）

2）应纳消费税 =［成本 ×（1 + 成本利润率）+ 自产自用数量 × 消费税定额税率］÷（1 - 消费税比例税率）× 消费税比例税率 + 自产自用数量 × 消费税定额税率

【例3-8】某企业（增值税一般纳税人）将10标准箱自产卷烟无偿赠送给消费者，已知该批卷烟的成本为100 000元，成本利润率为10%；该批卷烟适用的消费税比例税率为56%，定额税率为150元/标准箱，假设无同类产品的销售价格。

应纳消费税 =［100 000 ×（1 + 10%）+ 150 × 10］÷（1 - 56%）× 56% + 150 × 10
= 143 409.09(元)

增值税销项税额 =［100 000 ×（1 + 10%）+ 150 × 10］÷（1 - 56%）× 17% = 43 079.55(元)

6. 委托加工的应税消费品应纳税额

委托加工的应税消费品,按照受托方(而非委托方)的同类消费品的销售价格计征消费税;没有同类消费品销售价格的,按照组成计税价格计征消费税。

(1)实行从价定率的。

1)组成计税价格 =(材料成本 + 加工费)÷(1 - 消费税比例税率)

2)应纳消费税 =(材料成本 + 加工费)÷(1 - 消费税比例税率)× 消费税比例税率

【例 3 - 9】甲企业委托乙企业加工一批烟丝,已知,甲企业提供的材料成本为 100 万元(不含税),支付给乙企业的加工费为 40 万元(不含税),烟丝的消费税税率为 30%,乙企业没有同类烟丝的销售价格。乙企业当月受托加工业务应代收代缴消费税税额是多少?

乙企业当月受托加工业务应代收代缴消费税税额 =(100 + 40)÷(1 - 30%)× 30% = 60(万元)

(2)实行复合计税的。

1)组成计税价格 =(材料成本 + 加工费 + 委托加工数量 × 消费税定额税率)÷(1 - 消费税比例税率)

2)应纳消费税 =(材料成本 + 加工费 + 委托加工数量 × 消费税定额税率)÷(1 - 消费税比例税率)× 消费税比例税率 + 委托加工数量 × 消费税定额税率

【例 3 - 10】甲公司为增值税一般纳税人,接受乙酒厂委托加工粮食白酒 2 000 斤,乙酒厂提供的主要材料不含税成本为 30 000 元,甲公司收取不含税加工费和代垫辅料费 10 000 元,甲公司没有同类白酒的销售价格。已知粮食白酒消费税的定额税率为 0.5 元/斤,比例税率为 20%。

甲公司应代收代缴的消费税 =(30 000 + 10 000 + 2 000 × 0.5)÷(1 - 20%)× 20% + 2 000 × 0.5 = 11 250(元)

考点 6 消费税征收管理

1. 消费税的纳税义务发生时间

(1)纳税人采取赊销和分期收款结算方式的,为书面合同约定的收款日期的当天;书面合同没有约定收款日期或者无书面合同的,为发出应税消费品的当天。

(2)纳税人采取预收货款结算方式的,为发出应税消费品的当天。

(3)纳税人采取托收承付、委托银行收款结算方式的,为发出应税消费品并办妥托收手续的当天。

(4)纳税人采取其他结算方式,为收讫销售款或者取得索取销售款凭据的当天。

(5)纳税人自产自用的应税消费品,为移送使用的当天。

(6)纳税人委托加工应税消费品的,为纳税人提货的当天。

(7)纳税人进口应税消费品的,为报关进口的当天。

2. 纳税期限

消费税纳税期限分别为 1 日、3 日、5 日、10 日、15 日、1 个月或者 1 季度。纳税人的具体纳税期限,由主管税务机关根据纳税人应纳税额的大小分别核定,不能按照固定期限纳税的,可以按次纳税。

纳税人以 1 个月或 1 个季度为一期纳税的,自期满之日起 15 日内申报纳税;纳税人以 1 日、3 日、5 日、10 日、15 日为一期的，自期满之日起 5 日内预缴税款，于次月 1 日起 15 日内申报纳税并结清上月应纳税款；进口货物——自海关填发税收专用缴款书之日起15 日内缴纳。

3. 消费税的纳税地点

（1）纳税人销售的应税消费品以及自产自用的应税消费品，除国务院财政、税务主管部门另有规定外，应当向纳税人机构所在地或者居住地的主管税务机关申报纳税。

（2）委托加工的应税消费品，除受托方为个人外，由受托方向机构所在地或居住地主管税务机关解缴消费税税款；委托个人加工的应税消费品，由委托方向其机构所在地或者居住地主管税务机关申报纳税。

（3）进口的应税消费品，由进口人或者其代理人向报关地海关申报纳税。

（4）纳税人到外县（市）销售或者委托外县（市）代销自产应税消费品的，于应税消费品销售后，向机构所在地或者居住地主管税务机关申报纳税。

（5）纳税人销售的应税消费品，如因质量等原因，由购买者退回时，经由所在地主管税务机关审核批准后，可退还已征收的消费税税款，但不能自行直接抵减应纳税款。

四、企业所得税

考点 1　企业所得税的概念

企业所得税是对我国企业和其他取得收入的组织取得的生产经营所得和其他所得所征收的一种税。

根据《企业所得税法》规定，企业分为居民企业和非居民企业。

1. 居民企业

居民企业是指依法在中国境内成立，或者依照外国（地区）法律成立但实际管理机构在中国境内的企业，包括国有企业、集体企业、股份制企业、外商投资企业、外国企业等。

2. 非居民企业

非居民企业是指依照外国（地区）法律成立且实际管理机构不在中国境内，但在中国境内设立机构、场所的，或者在中国境内未设立机构、场所，但有来源于中国境内所得的企业。

【提示】个人独资企业、合伙企业不缴纳企业所得税，不属于企业所得税纳税义务人。

考点 2　企业所得税征税对象

征税对象为企业的生产经营所得和其他所得。

居民企业应就来源于中国境内、境外的所得作为征税对象。

非居民企业在中国境内设立机构、场所的，应当就其所设机构、场所取得的来源于中国境内的所得，以及发生在中国境外但与其所设机构、场所有实际联系的所得，缴纳企业所得税。

考点 3　企业所得税税率

1. 基本税率为 25%

适用于居民企业和在中国境内设有机构、场所且所得与机构、场所有关联的非居民企业。

2. 优惠税率

（1）对符合条件的小型微利企业，减按20%的税率征收。

（2）对于在中国境内未立机构、场所的或者虽设立机构、场所但所得与其所设机构、场所没有实际联系的非居民企业，减按20%税率征收企业所得税。

（3）对国家需要重点扶持的高新技术企业，减按15%的税率征收。

考点4　企业所得税应纳税所得额

企业所得税应纳税所得额是企业所得税的计税依据。应纳税所得额为企业每一个纳税年度的收入总额减去不征税收入、免税收入、各项扣除以及弥补以前年度的亏损之后的余额。

1. 应纳税所得额的计算方法

（1）直接计算法下的计算公式为：

应纳税所得额 = 收入总额 − 不征税收入额 − 免税收入额 − 各项扣除额 − 准予弥补的以前年度亏损额

（2）间接计算法下的计算公式为：

应纳税所得额 = 利润总额 + 纳税调整项目金额

2. 应纳税所得额的确定

（1）收入总额。企业以货币形式和非货币形式从各种来源取得的收入，为收入总额，包括销售货物收入，提供劳务收入，转让财产收入，股息、红利等权益性投资收益，利息收入，租金收入，特许权使用费收入，接受捐赠收入和其他收入。

【提示】企业发生非货币性资产交换以及将货物、财产、劳务用于捐赠、偿债、赞助、集资、广告、样品、职工福利或者利润分配等用途的，应当视同销售货物、转让财产或者提供劳务，但国务院财政、税务主管部门另有规定的除外。

（2）不征税收入。

1）财政拨款。

2）依法收取并纳入财政管理的行政事业性收费、政府性基金。

3）国务院规定的其他不征税收入。

（3）免税收入。

1）国债利息收入。

2）符合条件的居民企业之间的股息、红利收入。

3）在中国境内设立机构、场所的非居民企业从居民企业取得与该机构、场所有实际联系的股息、红利收入。

4）符合条件的非营利组织的收入。

（4）准予扣除的项目。

1）成本。

2）费用。

3）税金。

【提示】不包括增值税、所得税。

4）损失。

5）其他支出。

(5) 不得扣除项目。

1) 向投资者支付的股息、红利等权益性投资收益款项。

2) 企业所得税税款。

3) 税收滞纳金。

4) 罚金、罚款和被没收财物的损失。

【提示】不包括按经济合同支付的违约金、银行罚息和诉讼费。

5) 企业发生的公益性捐赠支出以外的捐赠支出。企业发生的公益性捐赠支出，在年度利润总额12%内的部分，准予在计算应纳税所得额时扣除。

【提示】纳税人的非公益、救济性捐赠及超过国家规定标准的公益、救济性捐赠，不得扣除。

6) 赞助支出，是指企业发生的与生产经营活动无关的各种非广告性支出。

7) 企业之间支付的管理费、企业内营业机构之间支付的租金和特许权使用费，以及非银行企业内营业机构之间支付的利息。

8) 与取得收入无关的其他支出。

(6) 职工福利费、工会经费和职工教育经费支出的税前扣除。

1) 企业发生的职工福利费支出，不超过工资薪金总额14%部分，准予扣除。

2) 企业拨缴的工会经费，不超过工资薪金总额2%部分，准予扣除。

3) 除国务院财政、税务主管部门另有规定外，企业发生的职工教育经费支出，不超过工资薪金总额2.5%部分，准予扣除；超过部分，准予在以后纳税年度结转扣除。

【例3-11】某企业2014年度实现的利润总额为500万元，适用的所得税税率为25%，计入成本、费用中的应发工资薪金总额为400万元，发生的职工福利费为50万元，职工教育经费为12万元，工会经费为5万元。假定没有其他调整事项，该企业2014年度应纳所得税为多少？

该企业2014年度应纳所得税计算如下：

(1) 职工福利费扣除限额：400×14% = 56（万元）

实际发生的职工福利费为50万元，低于扣除限额，可以全额扣除。

(2) 职工教育经费扣除限额：400×2.5% = 10（万元）

实际发生的职工教育经费为12万元，超过扣除限额2万元，则应纳税所得额应调增2万元。

(3) 工会经费的扣除限额：400×2% = 8（万元）

实际发生的工会经费为5万元，低于扣除限额，可以全额扣除。

(4) 应纳所得税 = （500 + 2）×25% = 125.5（万元）

(7) 业务招待费、广告费和业务宣传费支出的税前扣除。

1) 企业发生的与生产经营活动有关的业务招待费支出，按照发生额的60%扣除，但最高不得超过当年销售（营业）收入的5‰。

2) 企业发生的符合条件的广告费和业务宣传费支出，除国务院财政、税务主管部门另有规定外，不超过当年销售（营业）收入的15%，准予扣除；超过部分，准予在以后纳税年度结转扣除。

【例3-12】某企业2014年度销售收入为500万元，实现的利润总额为100万元，适用的所得税税率为25%。该企业发生的广告费为60万元，业务招待费为10万元。假定没有其他调整事项，该企业2014年度应纳所得税为多少？

该企业2014年度应纳所得税计算如下：

（1）广告费的扣除标准：$500 \times 15\% = 75$（万元）

实际发生的广告费为60万元，低于准予扣除的金额，可以全额扣除。

（2）业务招待费准予扣除的上限为：$500 \times 5\text{‰} = 2.5$（万元）

业务招待费发生额的60%为：$10 \times 60\% = 6$（万元）

业务招待费中准予扣除的金额为2.5万元，则应纳税所得额需要调增。

调增金额为：$10 - 2.5 = 7.5$（万元）

（3）应纳所得税 = $(100 + 7.5) \times 25\% = 26.88$（万元）

（8）<u>亏损弥补</u>。纳税人发生年度亏损的，可以用下一纳税年度的所得弥补；下一纳税年度的所得不足弥补的，可以逐年延续弥补，但是延续弥补期最长不得超过<u>5年</u>。

【提示】税法所指亏损的概念，不是企业财务报表中的亏损数，而是企业财务报表中的亏损额经税务机关按税法规定核实调整后的金额。

【例3-13】某企业2006年发生亏损30万元，2007年盈利10万元，2008年亏损1万元，2009年盈利1万元，2010年亏损5万元，2011年盈利2万元，2012年盈利10万元。则该企业2006~2012年总计应缴纳的企业所得税税额是多少？（适用的企业所得税税率为25%）

企业应纳税所得额 = $10 - 1 - 5 = 4$（万元）

企业应纳税 = $4 \times 25\% = 1$（万元）

考点5 企业所得税征收管理

1. 纳税地点

居民企业一般以企业登记注册地为纳税地点，但登记注册地在境外的，以企业实际管理机构所在地为纳税地点。

居民企业在中国境内设立的不具有法人资格的分支或营业机构，由该居民企业汇总计算并缴纳企业所得税。

2. 纳税期限

企业所得税实行按年（自公历1月1日起到12月31日止）计算，<u>分月或分季预缴，年终汇算清缴</u>（年终后5个月内进行）、多退少补的征纳方法。

纳税人在一个年度中间开业，或者由于合并、关闭等原因，使该纳税年度的实际经营期不足12个月的，<u>应当以其实际经营期为一个纳税年度</u>（自实际终止日起60日内，进行企业所得税汇算清缴）。

3. 纳税申报

按月或按季预缴的，应当自月份或季度终了之日起<u>15日内</u>，向税务机关报送预缴企业所得税纳税申报表，预缴税款。

五、个人所得税

考点1 个人所得税概念

<u>个人所得税是对个人（即自然人）取得的各项应税所得征收的一种税。</u>

【提示】个人所得税的征税对象不仅包括个人还包括具有自然人性质的企业（个人独资企业、合伙企业、个体工商户）。

考点2　个人所得税纳税义务人

个人所得税以所得人为纳税义务人，以支付所得的单位或个人为扣缴义务人。

1. 居民纳税人和非居民纳税人

（1）居民纳税人是指在中国境内有住所，或者无住所而在中国境内在一个纳税年度内居住满1年的个人。

（2）非居民纳税人是指在中国境内无住所又不居住，或者无住所而在中国境内居住不满1年的个人。

【提示】居住时间标准：居住满1年是指在1个纳税年度（1月1日至12月31日）内，在中国境内居住满365日，临时离境不扣减在华居住天数。

临时离境，指在一个纳税年度中一次离境不超过30日或多次离境累计不超过90日。

2. 居民纳税人和非居民纳税人的纳税义务

居民纳税人负有无限纳税义务，其应纳税所得，无论来源于中国境内还是中国境外，都应当缴纳个人所得税。

非居民纳税人承担有限纳税义务，只就其来源于中国境内的所得，向中国缴纳个人所得税。

考点3　个人所得税的应税项目

按应纳税所得的来源划分，现行个人所得税共分为11个应税项目。

1. 工资、薪金所得

工资、薪金所得是指个人因任职或受雇而取得的工资、薪金、奖金、年终加薪、劳动分红、津贴、补贴以及与任职或者受雇有关的其他所得。

【提示】出租汽车经营单位对出租车驾驶员采取单车承包或承租方式运营，出租车驾驶员从事客货营运取得的收入，按"工资、薪金所得"项目征税。

2. 个体工商户的生产经营所得

个体工商户的生产经营所得包括个体工商户从事工业、手工业、建筑业、交通运输业、商业、饮食业、服务业、修理业以及其他行业取得的所得；个人经政府有关部门批准，取得执照，从事办学、医疗、咨询以及其他有偿服务活动取得的所得；实行查账征税办法的个人独资企业和合伙企业的个人投资者的生产经营所得等。

【提示】出租汽车经营单位将出租车所有权转移给驾驶员的，出租车驾驶员从事客货运营取得的收入，比照"个体工商户的生产、经营所得"项目征税。

3. 对企事业单位承包经营、承租经营所得

企业、事业单位的承包经营、承租经营所得，是指个人承包经营或承租经营以及转包、转租经营所得，还包括个人按月或按次取得的工资、薪金性质的所得。

4. 劳务报酬所得

劳务报酬所得是指个人独立从事非雇佣的各种劳务所取得的所得。内容包括设计、装潢、安装、制图、化验、测试、医疗、法律、会计、咨询、讲学、新闻、广播、翻译、审稿、书画、雕刻、影视、录音、录像、演出、表演、广告、展览、技术服务、介绍服务、经纪服务、代办服务、其他劳务。

【提示】个人兼职取得的收入按"劳务报酬所得"应税项目缴纳个人所得税。

5. 稿酬所得

稿酬所得是指个人因其作品以图书、报刊形式出版、发表而取得的所得。作品包括文学作品、书画作品、摄影作品以及其他作品。

6. 特许权使用费所得

特许权使用费所得是指个人提供专利权、商标权、著作权、非专利技术以及其他特许权的使用权取得的所得。

7. 利息、股息、红利所得

利息、股息、红利所得是指个人拥有债权、股权而取得的利息、股息、红利所得。其中，利息一般是指存款、贷款和债券的利息。股息、红利是指个人拥有股权取得的公司、企业分红。

8. 财产租赁所得

财产租赁所得是指个人出租建筑物、土地使用权、机器设备、车船以及其他财产取得的所得。

【提示】个人取得的房屋转租收入，属于"财产租赁所得"的征税范围。取得转租收入的个人向房屋出租方支付的租金，凭房屋租赁合同和合法支付凭据允许在计算个人所得税时，从该项转租收入中扣除。

9. 财产转让所得

财产转让所得是指个人转让有价证券、股票、建筑物、土地使用权、机器设备、车船以及其他财产取得的所得。

10. 偶然所得

偶然所得是指个人得奖、中奖、中彩以及其他偶然性质的所得。

11. 其他所得

经国务院财政部门确定征税的其他所得。

考点4 个人所得税免税项目

下列各项个人所得，免纳个人所得税：

（1）省级人民政府、国务院部委和中国人民解放军军以上单位以及外国组织、国际组织颁发的科学、教育、技术、文化、卫生、体育、环境保护等方面的奖金。

（2）国债和国家发生的金融债券利息。

（3）按照国家统一规定发给的补贴、津贴。

（4）福利费、抚恤金、救济金（国家民政部门支付给个人的生活困难补助费）。

（5）保险赔款。

（6）军人的转业费、复员费。

（7）按照国家统一规定发给干部、职工的安家费、退职费、退休工资、离休工资、离休生活补助费。

（8）依照我国有关法律规定应予免税的各国驻华使馆、领事馆的外交代表、领事官员和其他人员的所得。

（9）中国政府参加的国际公约、签订的协议中规定免税的所得。

（10）按照国家规定，单位为个人缴付和个人缴付的住房公积金、基本医疗保险费、基本养老保险费、失业保险费，从纳税义务人的应纳税所得额中扣除。

（11）经国务院财政部门批准免税的其他所得。

考点5　个人所得税应纳税额计算

1. 工资、薪金所得

（1）应纳税所得额。

1）工资、薪金所得，以每月收入额减除费用3 500元后的余额或4800元后的余额，为应纳税所得额。

2）每月收入额不含单位为个人缴付和个人缴付的基本养老保险费、基本医疗保险费、失业保险费及住房公积金。

3）对在中国境内无住所而在中国境内取得工资薪金所得纳税义务人和在中国境内有住所而在中国境外取得工资薪金所得纳税义务人，以每月收入额减除费用3 500元，再附加减除1 300元后的余额，即减除4 800元，为应纳税所得额。

（2）税率。从2011年9月1日起，工资、薪金所得适用3%～45%的七级超额累进税率（见表3-6）。

表3-6　工资、薪金所得个人所得税税率表

级数	全月应纳税所得额	税率	速算扣除数
1	不超过1 500元部分	3%	0
2	超过1 500～4 500元部分	10%	105
3	超过4 500～9 000元部分	20%	555
4	超过9 000～35 000元部分	25%	1 005
5	超过35 000～55 000元部分	30%	2 755
6	超过55 000～80 000元部分	35%	5 505
7	超过80 000元部分	45%	13 505

（3）个税计算公式。

应纳税额 = 应纳税所得额 × 适用税率 − 速算扣除数

= （每月收入额 − 3 500元或4 800元）× 适用税率 − 速算扣除数

【例3-14】小李是居民纳税人，2014年10月取得境内薪金7 500元，计算应纳税所得额和应纳所得税额（全月应纳税所得额1 500元以下的税率3%；超过1 500元不超过4 500元的税率10%，速算扣除数为105）。

应纳税所得额 = 7 500 − 3 500 = 4 000（元）

应纳所得税额 = 4 000 × 10% − 105 = 295（元）

2. 个体工商户、企事业单位的承包承租经营所得

（1）应纳税所得额。

1）个体工商户生产经营所得。

应纳税所得额 = 全年收入总额 − 成本、费用以及损失

2）企事业单位的承包承租经营所得

应纳税所得额 = 纳税年度收入总额 – 必要费用

其中：纳税年度收入总额指按合同规定分得的经营利润和工资薪金性质的所得；必要费用指按月减除 3 500 元。

（2）税率（见表 3 – 7）。

表 3 – 7　个体工商户生产、经营所得和企事业单位的承包、承租经营所得个人所得税税率表

级数	全年应纳税所得额	税率	速算扣除数
1	不超过 15 000 元部分	5%	0
2	超 15 000 ~ 30 000 元部分	10%	750
3	超 30 000 ~ 60 000 元部分	20%	3 750
4	超 60 000 ~ 100 000 元部分	30%	9 750
5	超 100 000 元部分	35%	14 750

个体工商户、个人独资企业和合伙企业的生产、经营所得及对企事业单位的承包经营、承租经营所得，适用 5% ~ 35% 的超额累进税率。

（3）个税计算公式。

应纳税额 = 应纳税所得额 × 适用税率 – 速算扣除数

3. 劳务报酬所得

（1）应纳税所得额。每次收入不超过 4 000 元的，减除费用 800 元；4 000 元以上，减除 20%，其余额为应纳税所得额。

劳务报酬所得，适用 20% 的比例税率，对劳务报酬所得一次收入畸高的，可以实行加成征收。

（2）税率（见表 3 – 8）。

表 3 – 8　劳务报酬所得个人所得税税率表

级数	每次应纳税所得额（每次收入 – 费用扣除数）	税率	速算扣除数
1	不超过 20 000 元部分	20%	0
2	超过 20 000 ~ 50 000 元部分	30%	2 000
3	超过 50 000 元部分	40%	7 000

（3）个税计算公式。

1）每次收入不足 4 000 元的：

应纳税额 = （每次收入 – 800）× 20%

2）每次收入超过 4 000 元且应纳税所得额不超过 20 000 元的：

应纳税额 = 每次收入额 ×（1 – 20%）× 20%

3）每次收入的应纳税所得额超过 20 000 不超过 50 000 元的：

应纳税额 = 每次收入额 ×（1 – 20%）× 30% – 2 000

4）每次收入的应纳税所得额超过 50 000 元的：

应纳税额 = 每次收入额 × (1 - 20%) × 40% - 7 000

【例 3 - 15】2014 年某人共取得 4 次劳务报酬,分别为 2 000 元、20 000 元、30 000 元、100 000 元,要求计算各次应缴纳的所得税税额。

(1) (2 000 - 800) × 20% = 240(元)

(2) 20 000 × (1 - 20%) × 20% = 3 200(元)

(3) 30 000 × (1 - 20%) × 30% - 2 000 = 5 200(元)

(4) 100 000 × (1 - 20%) × 40% - 7 000 = 25 000(元)

【提示】劳务报酬收入为 30 000 元和 100 000 元,由于应纳税所得额超过 20 000 元,实行加成征收。

4. 稿酬所得

(1) 应纳税所得额。每次收入不超过 4 000 元的,减除费用 800 元;4 000 元以上,减除 20%,其余额为应纳税所得额。

(2) 税率。税率适用 20% 的比例税率,并按应纳税额减征 30%。

(3) 个税计算公式。

1) 每次收入不足 4 000 元的:

应纳税额 = (每次收入额 - 800) × 20% × (1 - 30%)

2) 每次收入超过 4 000 元的:

应纳税额 = 每次收入额 × (1 - 20%) × 20% × (1 - 30%)

【提示】稿酬所得,以每次出版、发表取得的收入为一次;出版、加印算一次;再版算一次;连载算一次。

【例 3 - 16】某作家 2015 年 1 月份出版一本书,取得稿酬 8 000 元。该书 2 ~ 4 月被某报纸连载,2 月份取得稿费 1 000 元,3 月份取得稿费 1 000 元,4 月份取得稿费 1 000 元。因该书畅销,5 月份出版社增加印数,又取得追加稿酬 2 000 元。请计算该作家稿酬所得的应纳税额。

1 月份出版获得收入与增加印数追加稿酬合并作为一次;在报纸上连载 3 个月获得收入合并为一次。

出版和增加印数稿酬应纳税所得额 = (8 000 + 2 000) × (1 - 20%) = 8 000(元)

报纸上连载稿酬应纳税所得额 = (1 000 + 1 000 + 1 000) - 800 = 2 200(元)

应纳税额 = (8 000 + 2 200) × 20% × (1 - 30%) = 1 428(元)

5. 财产转让所得

财产转让所得应纳税额的计算公式为:

应纳税额 = 应纳税所得额 × 适用税率

= (收入总额 - 财产原值 - 合理税费) × 20%

6. 利息、股息、红利所得

应纳税额 = 应纳税所得额 × 适用税率

= 每次收入额 × 20%

7. 特许权使用费所得

特许权使用费所得,以某项使用权的一次转让所取得的收入为一次。

每次收入额不超过 4 000 元的,扣除费用 800 元;每次收入额超过 4 000 元的,扣除费用20%，其余额为应纳税所得额，然后就其应纳税所得额按比例税率20%征收个人所得税。

个税计算公式：

（1）每次收入不足4 000元的：

应纳税额 =（每次收入额 – 800）×20%

（2）每次收入超过4 000元的：

应纳税额 = 每次收入额 ×（1 – 20%）×20%

8. 财产租赁所得

财产租赁所得以一个月取得的收入为一次，每次收入不超过4 000元，定额减除费用800元；每次收入超过4 000元的，定率减除20%的费用。财产租赁所得适用20%的比例税率，但对个人按市场价格出租的居民住房取得的所得，暂减按10%的税率征收个人所得税。

个税计算公式：

（1）每次（月）收入不足4 000元的：

应纳税额 =［每次（月）收入额 – 财产租赁过程中缴纳的税费 – 由纳税人负担的租赁财产实际开支的修缮费用（800元为限）– 800］×20%

（2）每次收入超过4 000元的：

应纳税额 =［每次（月）收入额 – 财产租赁过程中缴纳的税费 – 由纳税人负担的租赁财产实际开支的修缮费用（800元为限）］×（1 – 20%）×20%

总结：个人所得税应纳税额计算如表3 – 9所示。

表3 – 9　个人所得税应纳税额计算表

征税项目	计税依据和费用扣除	税率	计税方法
工资薪金所得	应纳税所得额 = 月工薪收入 – 3 500元（或4 800元）	七级超额累进税率	按月计税
个体户生产经营所得	应纳税所得额 = 全年收入总额 – 成本、费用以及损失	五级超额累进税率	按年计算
对企事业单位承包承租经营所得	应纳税所得额 = 纳税年度收入总额 – 必要费用		
劳务报酬所得	每次收入不足4 000元的应纳税所得额 = 每次收入额 – 800元每次收入4 000元以上的应纳税所得额 = 每次收入额 ×（1 – 20%）注意加成征收的规定	20%比例税率	按次纳税
稿酬所得			
特许权使用费所得			
财产转让所得	收入 – 财产原值 – 合理费用		
利息股息红利所得	按收入总额计税，不扣费用		
偶然所得			
其他所得			

考点6　个人所得税征收管理

以<u>代扣代缴为主</u>、<u>自行申报为辅</u>的征收方式。

1. 自行申报纳税义务人

符合下列条件之一的，为自行申报纳税的纳税义务人：

（1）年所得12万元以上的。

（2）从中国境内两处或者两处以上取得工资、薪金所得的。

（3）从中国境外取得所得的。

（4）取得应税所得，没有扣缴义务人的。

（5）国务院规定的其他情形。

年所得在12万元以上的个人所得税义务人，在年度终了后3个月内到主管税务机关办理纳税申报。

2. 代扣代缴

代扣代缴是指按照税法规定负有扣缴税款义务的单位或个人，在向个人支付应纳税所得时，应计算应纳税额，从其所得中扣除并缴入国库，同时向税务机关报送扣缴个人所得税报告表。

凡支付个人应纳税所得的企业、事业单位、社会团体、军队、驻华机构（不含依法享有外交特权和豁免的驻华使领馆、联合国及其国际组织驻华机构）、个体户等单位或者个人，为个人所得税的扣缴义务人。

典型例题

【例题1·单选题】 某公司为增值税一般纳税人，其销售钢材一批，含增值税的价格为23 400元，适用的增值税税率为17%。则其增值税销项税额为（   ）元。

A. 3 400   B. 3 978   C. 2 600   D. 3 042

【答案】 A

【解析】 本题考核一般纳税人增值税应纳税额的换算。

不含税销售额 = 23 400 ÷ (1 + 17%) = 20 000(元)

增值税销项税额 = 20 000 × 17% = 3 400(元)。

【例题2·单选题】 增值税的纳税期限不包括（   ）。

A. 1 日   B. 7 日   C. 1 个月   D. 1 个季度

【答案】 B

【解析】 本题考查增值税纳税期限。增值税的纳税期限有 1 日、3 日、5 日、10 日、15 日、1 个月或 1 个季度。

【例题3·单选题】 某娱乐城10月份取得门票收入12万元，包场收入24万元，点歌费4万元，烟酒、饮料费收入36万元。该企业适用营业税税率为10%，当月应缴纳的营业税税额为（   ）万元。

A. 5. 6   B. 4   C. 7. 6   D. 5

【答案】 C

【解析】 本题考核营业税应纳税额的计算。娱乐业的营业额为经营娱乐业向顾客收取的各项费用，包括门票收入、台位费、点歌费、烟酒和饮料收费及经营娱乐业的其他各项收费。应缴纳的营业税 = (12 + 24 + 4 + 36) × 10% = 7.6(万元)。

【例题4·多选题】 关于营业税的申报与缴纳的规定，正确的是（   ）。

A. 营业税的纳税义务发生时间基本规定是纳税人收讫营业收入款项或者取得索取营业收入款项凭据的当天

B. 营业税纳税期限，由主管税务机关依纳税人应纳税款分别核定为 1 日、3 日、5 日、10 日、15 日、1 个月或一个季度

C. 纳税人销售、出租不动产应当向不动产所在地的主管税务机关申报纳税

D. 纳税人提供建筑业劳务，其营业税纳税地点为纳税人所在地或居住地

【答案】AC

【解析】本题考核营业税的征管规定。营业税纳税期限，由主管税务机关依纳税人应纳税款分别核定为 5 日、10 日、15 日、1 个月或 1 个季度，B 不正确。纳税人提供建筑业劳务，其营业税纳税地点为建筑业劳务发生地，D 不正确。

【例题 5·判断题】2015 年 5 月，甲市 A 公司因调整公司经营战略，将其拥有的乙市一处办公用房卖给丙市 B 公司。该办公用房的销售合同在丁市签订，并已预收部分房款，则 A 公司出售办公用房营业税纳税申报的地点为甲市。（　　）

【答案】×

【解析】本题考核营业税纳税地点。纳税人转让、出租土地使用权或不动产，应当向其土地所在地或不动产所在地的主管税务机关申报纳税，所以，A 公司出售办公用房营业税纳税申报的地点为乙市。

【例题 6·多选题】甲委托乙加工化妆品，则下列说法正确的是（　　）。

A. 甲是增值税的纳税义务人　　　　　B. 甲是消费税的纳税义务人

C. 乙是增值税的纳税义务人　　　　　D. 乙是消费税的纳税义务人

【答案】BC

【解析】本题考查增值税和消费税的征收范围。

【例题 7·单选题】某啤酒厂 2015 年 5 月份销售乙类啤酒 400 吨，每吨出厂价格2 800 元。5 月该啤酒厂应纳消费税税额为（　　）元。（乙类啤酒定额税率 220 元/吨）

A. 88 000　　　　B. 190 400　　　　C. 100 000　　　　D. 616 000

【答案】A

【解析】本题考核消费税从量定额征收的计算方法。

应纳税额 = 销售数量 × 定额税率 = 400 × 220 = 88 000（元）

【例题 8·单选题】某烟草生产企业是增值税一般纳税人。2015 年 5 月销售甲类卷烟 1 000 标准条，取得销售收入（含增值税）93 600 元。该企业 5 月应缴纳的消费税税额为（　　）元。（已知甲类卷烟消费税定额税率为 0.003 元/支，1 标准条有 200 支，比例税率为 56%）

A. 53 016　　　　B. 44 800　　　　C. 600　　　　D. 45 400

【答案】D

【解析】本题考核消费税复合计征的计算方法。

应纳消费税税额 = 93 600 ÷（1 + 17%）× 56% + 200 × 1 000 × 0.003 = 44 800 + 600 = 45 400（元）。

【例题 9·单选题】下列收入属于企业所得税免税收入的是（　　）。

A. 银行存款利息收入　　　　　B. 财政拨款收入

C. 境内企业内部处置资产收入　　　D. 符合条件的居民企业之间的股息收入

【答案】D

【解析】本题考核企业所得税的免税收入。选项 AC 是征税收入，选项 B 是不征税收入。

【例题 10·单选题】作家李某一篇小说在一家日报上连载两个月，第一个月月末报社支付稿酬 2 000 元；第二个月月末报社支付稿酬 5 000 元。该作家两个月所获稿酬应缴纳的个人所得税为（　　）元。

A. 728　　　　　　B. 784　　　　　　C. 812　　　　　　D. 868

【答案】B

【解析】本题考核稿酬所得。个人作品出版、发表或连载取得所得，按稿酬所得交个人所得税。个人的同一作品在报刊上连载，应合并其连载的所得为一次，稿酬按 20% 的税率征收，并按规定对应纳税额减征 30%。该作家两个月所获稿酬应缴纳个人所得税 = 7 000 × (1 − 20%) × 20% × (1 − 30%) = 784(元)。

第三节　税收征收管理

考纲重点分布

三、税收征收管理	1. 税务登记	熟悉
	2. 发票开具与管理	熟悉
	3. 纳税申报	熟悉
	4. 税款征收	熟悉
	5. 税务代理	熟悉
	6. 税务检查及税收法律责任	熟悉
	7. 税务行政复议	熟悉

考点精解

税收征收管理是税务机关代表国家行使征税权，对日常税收活动进行有计划地组织、指挥、控制和监督的活动，是对纳税人履行纳税义务采用的一种管理、征收和检查的行为，是实现税收职能的必要手段。税收征管包括税务登记、发票管理、纳税申报、税款征收、税务检查和法律责任等环节。

一、税务登记

税务登记又称纳税登记，是税务机关依据税法规定，对纳税人的生产、经营活动进行登记管理的一项法定制度，也是纳税人依法履行纳税义务的法定手段。税务登记是整个税收征收管理的起点。

税务登记种类包括开业登记，变更登记，停业、复业登记，注销登记，外出经营报验登记，纳税人税种登记，扣缴义务人扣缴税款登记等。

考点1　开业登记

开业登记是指从事生产经营活动的纳税人，经国家行政管理部门批准设立后办理的纳税登记。

1. 开业税务登记的对象

（1）领取营业执照从事生产、经营的纳税人。包括各类企业、企业在外地设立的分支机构及个体工商户等。

（2）其他纳税人。除国家机关、个人和无固定生产、经营场所的流动性农村小商贩以外的纳税人，也应当按照规定办理税务登记。

2. 办理设立税务登记的地点

企业、企业在外地设立的分支机构和从事生产、经营的纳税人，向生产、经营所在地税务机关申报办理税务登记。发生争议的，由税务机关和纳税人税务登记地点税务机关的共同上级税务机关指定管辖。

3. 开业税务登记的时间

（1）从事生产、经营的纳税人领取工商营业执照（含临时工商营业执照）的，应当自领取工商营业执照起30日内申报办理税务登记，税务机关核发税务登记证及副本（纳税人领取临时工商营业执照的，税务机关核发临时税务登记证及副本）。

（2）从事生产、经营的纳税人未办理工商营业执照但经有关部门批准设立的，应当自有关部门批准设立之日起30日内申报办理税务登记，税务机关核发税务登记证及副本。

（3）从事生产、经营的纳税人未办理工商营业执照也未经有关部门批准设立的，应当自纳税义务发生之日起30日内申报办理税务登记，税务机关核发临时税务登记证及副本。

（4）有独立的生产经营权、在财务上独立核算并定期向发包人或者出租人上交承包费或租金的承包承租人，应当自承包承租合同签订之日起30日内，向其承包承租业务发生地税务机关申报办理税务登记，税务机关核发临时税务登记证及副本。

（5）从事生产、经营的纳税人外出经营，自其在同一县（市）实际经营或提供劳务之日起，在连续的12个月内累计超过180天的，应当自期满之日起30日内，向生产、经营所在地税务机关申报办理税务登记，税务机关核发临时税务登记证及副本。

（6）境外企业在中国境内承包建筑、安装、装配、勘探工程和提供劳务的自项目合同或协议签订之日起30日内，向项目所在地税务机关申报办理税务登记，税务机关核发临时税务登记证及副本。

（7）其他非生产经营纳税人，除国家机关、个人和无固定生产、经营场所的流动性农村小商贩外，均应自纳税义务发生之日起30日内，向纳税义务发生地税务机关申报办理税务登记，税务机关核发税务登记证及副本。

4. 开业税务登记的内容

税务登记内容，主要通过纳税人填写税务登记表来体现。

（1）纳税人名称。

（2）法定代表人或负责人姓名及其居民身份证、护照或者其他能证明身份的合法证件。

（3）税务登记代码。

（4）生产经营地址。

（5）登记注册类型及所属主管单位。

（6）核算方式。

（7）生产经营范围（主营、兼营）、经营方式。

（8）注册资金、投资总额、开户银行及账号。

（9）发证日期、证件有效期限、发放税务机关（盖章）。

（10）其他有关事项。

5. 税务登记证件种类

税务登记证件包括税务登记证及其副本、临时税务登记证及其副本；扣缴税款登记证件包括扣缴税款登记证及其副本。

6. 税务登记证件的使用

纳税人应当按照国务院税务主管部门的规定使用税务登记证件。纳税人办理下列事项时必须持税务登记证件：开立银行账户；申请减税、免税、退税；申请办理延期申报、延期缴纳税款；领购发票；申请开具外出经营活动税收管理证明；办理停业、歇业；其他有关税务事项。税务登记证件不得转借、涂改、损毁、买卖或者伪造。

7. 税务登记证件的内容、式样

税务登记证式样由国家税务总局统一式样标准，目前由省级税务机关统一印制。

8. 税务登记证遗失

纳税人遗失税务登记证件的，应当在15日内书面报告主管税务机关，并登报声明作废。

考点 2 变更登记

变更税务登记是纳税人税务登记内容发生重要变化，向税务机关申报办理的一种税务登记手续。

纳税人办理税务登记后，如发生下列情形之一，应当办理变更登记的情形：改变名称、改变法定代表人、改变经济性质或经济类型、改变住所和经营地点（不涉及主管税务机关变动的）、改变生产经营或经营方式、增减注册资金（资本）、改变隶属关系、改变生产经营期限、改变或增减银行账号、改变生产经营权属以及改变其他税务登记内容的。

纳税人已在工商行政管理机关办理变更登记的，应当自工商行政管理机关变更登记之日起30日内，向原税务登记机关申报办理变更税务登记。

考点 3 停业、复业登记

从事生产经营的纳税人，经确定实行定期定额征收方式的，其在营业执照核准的经营期限内需要停业的，应当在停业前向税务机关申报办理停业登记。纳税人的停业期限不得超过1年。

纳税人在申报办理停业登记时，应如实填写停业登记表，说明停业理由、停业期限、停业前的纳税情况和发票的领、用、存情况，并结清应纳税款、滞纳金、罚款。地方税务机关应收存其税务登记证件及副本、发票领购簿、未使用完的发票和其他税务证件。

纳税人应于恢复生产经营<u>之前</u>，向税务机关申报办理复业登记，填写《停、复业报告书》。

纳税人停业期满<u>不能及时恢复生产经营的，应当在停业期满前向税务机关提出延长停业登记申请</u>。纳税人<u>停业期满未按期复业又不申请延长停业的，税务机关应当视为已恢复营业，实施正常的税收征收管理。</u>

<u>停业期间发生纳税义务的，应按规定申报缴纳税款。</u>

考点 4　注销登记（先税务后工商）

<u>注销登记的法定原因：</u>

（1）解散、破产、撤销以及其他情形，依法终止纳税义务。

（2）被工商行政管理机关吊销营业执照或者被其他机关予以撤销登记。

（3）因住所、经营地点变动，涉及改变税务登记机关。

【提示】生产、经营场所变动并不涉及改变主管税务登记机关，只是办理变更手续。

考点 5　外出经营报验登记

从事生产、经营的纳税人到外县（市）临时从事生产、经营的，应当向主管税务机关申请开具《外出经营活动税收管理证明》（简称《外管证》）。税务机关对纳税人的申请进行审核后，<u>按照一地（县、市）一证的原则</u>，核发《外管证》。《外管证》的有效期一般为 30 天，最长不得超过 180 天。

<u>纳税人在《外管证》注明地进行生产经营前，应当持税务登记证副本和所在地税务机关开具的《外管证》，向营业地税务机关报验登记，接受税务管理。</u>纳税人在《外管证》注明地销售货物的，除提交以上证件、资料外，还应如实填写《外出经营货物报验单》，申报查验货物。

外出经营活动结束，纳税人应当向经营地税务机关填报<u>《外出经营活动情况申报表》</u>，并按规定结清税款、缴销未使用完的发票。在《外管证》<u>有效期满 10 日内</u>，纳税人应回到主管税务机关办理缴销手续。

考点 6　纳税人税种登记

税务机关应当依据《纳税人税种登记表》所填写的项目，自受理之日起 <u>3 日内</u>进行税种登记。

考点 7　扣缴义务人扣缴税款登记

扣缴义务人应当自扣缴义务发生之日起 <u>30 日</u>内，向所在地的主管税务机关申报办理扣缴税款登记，领取扣缴税款登记证件。

二、发票开具与管理

<u>发票是指在购销商品、提供或接受劳务、服务以及从事其他经营活动中，开具、收取的收付款凭证。</u>它是确定经济收支行为发生的法定凭证，是会计核算的原始依据，也是税务稽查的重要依据。

考点 1　发票的种类

发票的种类由省级以上税务机关根据社会经济活动的需要确定。<u>按照不同管理工作的需要，我国发票按行业特点和纳税人的生产经营项目不同，可以分为增值税专用发票、普</u>

通发票和专业发票。

增值税专用发票由国务院税务主管部门确定的企业印刷；其他发票，按照国务院税务主管部门的规定，由省、自治区、直辖市税务机关确定的企业印制。禁止私自印制、伪造、变造发票。

1. 增值税专用发票

只有经国家税务机关认定为增值税一般纳税人才能领用增值税专用发票，小规模纳税人和法定情形的一般纳税人不得领购使用。

增值税专用发票由基本联次或者基本联次附加其他联次构成，基本联次为三联：第一联记账联（见图3-1），销售方核算销售收入和增值税销项税额的记账凭证；第二联抵扣联，购买方报送主管税务机关认证和留存备查的凭证；第三联发票联，购买方核算采购成本和增值税进项税额的记账凭证；其他联次用途，由一般纳税人自行确定。

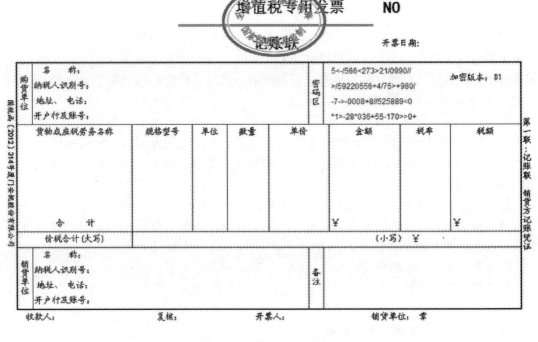

图3-1 增值税专用发票

2. 普通发票

营业税纳税人和增值税小规模纳税人领用。增值税一般纳税人在不能开具增值税专用发票时也可领用普通发票。

普通发票包括：

（1）行业发票：适用于某个行业的经营业务，如商业零售统一发票、商业批发统一发票、工业企业产品销售统一发票。

（2）专用发票：适用于某一经营项目，如广告费用结算发票、商品房销售发票。

3. 专业发票

国有金融、保险企业的存贷、汇兑、转账凭证、保险凭证；国有邮政、电信企业的邮票、邮单、话务、电报收据；国有铁路、国有航空企业和交通部门、国有公路、水上运输企业的客票、货票等。

考点2　发票的开具要求

（1）单位和个人应在发生经营业务、确认营业收入时，才能开具发票。未发生经营业务一律不准开具发票。

（2）开具发票时应按号码顺序填开，填写项目齐全、内容真实、字迹清楚、全部联次一次性复写或打印，内容完全一致，并在发票联和抵扣联加盖发票专用章。

（3）填写发票应当使用中文。民族自治地区可以同时使用当地通用的一种民族文字；外商投资企业和外资企业可以同时使用一种外国文字。

（4）使用电子计算机开具发票，必须报主管税务机关批准，并使用税务机关统一监制的机打发票。

（5）开具发票时限、地点应符合规定。

（6）任何单位和个人不得转借、转让、代开发票；未经税务机关批准，不得拆本使用发票；不得自行扩大专业发票适用范围。禁止倒买倒卖发票等违法行为。

（7）已开具的发票存根联和发票登记簿应当保存5年。保存期满，报经税务机关查验后销毁。使用发票的单位和个人应当妥善保管发票，不得丢失。如发票丢失，应于丢失当日书面报告税务机关，并在报刊和电视传播媒介上公告声明作废。

三、纳税申报

纳税申报是指纳税人、扣缴义务人按照税法规定的期限和内容向税务机关提交有纳税事项书面报告的法律行为，是纳税人履行纳税义务、承担法律责任的主要依据，是税务机关税收管理信息的主要来源和税务管理的一项重要制度。纳税申报的方式主要有：直接申报、邮寄申报、数据电文申报、简易申报等。

考点1　直接申报

直接申报是指纳税人和扣缴义务人自行到税务机关办理纳税申报或者报送代扣代缴、代收代缴报告表，这是一种传统申报方式。直接申报可以分为直接到办税服务厅申报、到巡回征收点申报和到代征点申报三种。

考点2　邮寄申报

邮寄申报是指经税务机关批准的纳税人、扣缴义务人使用统一规定的纳税申报特快专递专用信封，通过邮政部门办理交寄手续，并向邮政部门索取收据作为申报凭据的方式。邮寄申报以寄出地的邮政局邮戳日期为实际申报日期。凡实行查账征收方式的纳税人，经主管税务机关批准，可以采用邮寄纳税申报的办法。邮寄申报的邮件内容包括申报表、财务会计报表以及税务机关要求纳税人报送的其他纳税资料。

考点3　数据电文申报

数据电文申报又称电子申报，是指经税务机关批准的纳税人、扣缴义务人经由电子手段、光学手段或类似手段生成、储存或传递的信息，这些手段包括电子数据交换、电子邮件、电报、电传或传真等。例如目前纳税人采用的网上申报，就是数据电文申报方式的一种形式。采用数据电文形式进行纳税申报的具体日期，是以纳税人将申报数据发送到税务机关特定系统，该数据电文进入特定系统的时间，视为申报时间。

采用数据电文方式进行纳税申报或者报送代扣代缴、代收代缴报告表的，还应在申报结束后，在规定的时间内，将电子数据的材料书面报送（邮寄）税务机关；或者按税务机关的要求保存，必要时按税务机关的要求出具。税务机关收到的纳税人数据电文与报送的书面资料不一致时，应以书面数据为准。

考点4 简易申报

简易申报是指实行定期定额征收方式的纳税人，经税务机关批准，通过以缴纳税款凭证代替申报并可简并征期的一种申报方式。这种申报方式是以纳税人便利纳税为原则设置的。

考点5 其他方式

1. 简并征期

实行定期定额缴纳税款的纳税人将若干纳税期的应纳税额集中在一个纳税期限内缴纳。

2. 委托申报

委托注册税务师等有税务代理资质的中介机构或他人代理申报纳税。

四、税款征收

税款征收是税收征收管理工作的中心环节。

考点1 查账征收

查账征收是指税务机关对账务健全的纳税人，依据其报送的纳税申报表、财务会计报表和其他有关纳税资料，计算应纳税额，填写缴款书或完税凭证，由纳税人到银行划解税款的征收方式。

这种征收方式较规范，适用于经营规模较大、财务会计制度健全、能够如实核算和提供生产经营情况，并能正确计算税款的纳税人。

考点2 查定征收

查定征收是指对于账务资料不全，但能够控制其材料、产量或进销货物的纳税单位或个人，由税务机关依据正常生产条件下的生产能力对其生产的应税产品查定产量、销售额，然后依照税法规定的税率计算应纳税款的一种征收方式。

这种征收方式适用于生产经营规模较小、产品零星、会计核算不健全的小型厂矿和作坊。

考点3 查验征收

查验征收是指税务机关对纳税人的应税商品、产品，通过查验数量，按市场一般销售单价计算其销售收入，并据以计算应纳税款的一种征收方式。

这种方式一般适用于财务制度不健全，生产经营不固定，零星分散、流动性大的税源。

考点4 定期定额征收

定期定额征收是指对小型个体工商户在一定经营地点、一定经营时期、一定经营范围内的应纳税经营额或所得额进行核定，并以此为计税依据，确定其应纳税额的一种征收方式。

这种方式适用于规模较小，账证不健全或者达不到有关的设置账簿标准，不能提供完整的纳税资料因而难以实行查账征收的小型个体工商业户（包括个人独资企业，简称定期定额户）。

考点 5　核定征收

税务机关对不能完整、准确提供纳税资料的纳税人采用特定方法确定其应纳税收入或应纳税额，纳税人据以缴纳税款的一种征收方式。

税务机关有权核定应纳税额的情形：

（1）依照法律、行政法规的规定可以不设置账簿的。

（2）依照法律、行政法规的规定应当设置但未设置账簿的。

（3）擅自销毁账簿或者拒不提供纳税资料的。

（4）虽设置账簿，但账目混乱或者成本资料、收入凭证、费用凭证残缺不全，难以查账的。

（5）<u>发生纳税义务，未按照规定的期限办理纳税申报，经税务机关责令限期申报，逾期仍不申报</u>。

（6）纳税人申报的计税依据明显偏低，又无正当理由的。

考点 6　代扣代缴

代扣代缴是指按照税法规定，负有扣缴税款义务的单位和个人，负责对纳税人应纳的税款进行代扣代缴的一种方式。<u>即由支付人在向纳税人支付款项时，从所支付的款项中依法直接扣收税款并代为缴纳</u>。其目的是对零星分散、不易控制的税源实行源头控制。

考点 7　代收代缴

代收代缴是指按照税法规定，负有收缴税款义务的单位和个人，负责对纳税人应纳的税款进行代收代缴的一种方式。<u>即由与纳税人有经济业务往来的单位和个人在向纳税人收取款项时依法收取税款</u>。

【提示】委托加工应缴消费税的消费品，（受托方除个人外）由受托方代收代缴消费税。

代扣代缴和代收代缴的区别：代扣代缴是向纳税人支付款项的同时扣收税款，而代收代缴是向纳税人收取款项的同时收取税款。

考点 8　委托代征税款

<u>委托代征税款是指税务机关委托代征人以税务机关的名义征收税款，并将税款缴入国库的方式</u>。一般适用于小额、零散税源的征收。这种征收方式的适当使用有利于控制税源，方便征纳双方，降低征收成本。

考点 9　其他方式

其他方式如网络申报、IC 卡纳税、邮寄纳税等。

五、税务代理

考点 1　税务代理的概念

税务代理是指税务代理人接受纳税主体的委托，在法定的代理范围内依法代其办理相关税务事宜的行为。<u>税务代理人在其权限内，以纳税人（含扣缴义务人）的名义代为办理纳税申报，申办、变更、注销税务登记证，申请减免税，设置保管账簿凭证，进行税务行政复议和诉讼等纳税事项的服务活动</u>。

考点 2　税务代理的特点

1. <u>公正性</u>

税务代理机构不是税务行政机关，而是征纳双方的中介机构，因而只能站在公正的立场上，客观地评价代理人的经济行为；同时代理人必须在法律范围内为被代理人办理税收事宜，独立、公正地执行业务，既维护国家利益，又保护委托人合法权益。

2. 自愿性

税务代理的选择一般有单向选择和双向选择，无论哪种选择都是建立在双方自愿的基础上的。也就是说，税务代理人实施税务代理行为，应当以纳税人、扣缴义务人自愿委托和自愿选择为前提。

3. 有偿性

税务代理机构是社会中介机构，它不是国家行政机关的附属机构，因此，同其他企事业单位一样要自负盈亏，提供有偿服务，通过代理取得收入并抵补费用，获得利润。

4. 独立性

税务代理机构与国家行政机关、纳税人或扣缴义务人没有行政隶属关系，即不受税务行政机关、纳税人或扣缴义务人所左右，独立代办税务事宜。

5. 确定性

税务代理人的税务代理范围，是以法律、行政法规和行政规章的形式确定的。因此，税务代理人不得超越规定的内容从事代理活动。税务机关按照法律、行政法规规定委托其代理外，代理人不得代理应由税务机关行使的行政权力。

考点3 税务代理的法定业务范围

注册税务师不能违反法律、行政法规的规定行使税务机关的行政职能。同时，对税务机关规定必须由纳税人、扣缴义务人自行办理的税务事宜，注册税务师不得代理。如《注册税务师资格制度暂行规定》明确规定，增值税专用发票领购事宜由纳税人自行办理，注册税务师不得代理。另外，纳税人、扣缴义务人违反税收法律、法规的事宜，注册税务师不准代理。

《税务代理业务规程》规定，税务代理的业务范围包括：

（1）办理税务登记、变更登记和注销税务登记手续。

（2）办理除增值税专用发票外的发票领购手续。

（3）办理纳税申报或扣缴税款报告。

（4）办理缴纳税款和申请退税手续。

（5）制作涉税文书。

（6）建账建制，办理账务。

（7）审查纳税情况。

（8）税务咨询、受聘税务顾问。

（9）税务行政复议手续。

（10）国家税务总局规定的其他业务。

六、税务检查及税收法律责任

考点1 税收保全和强制执行

1. 税收保全措施

税收保全措施是指税务机关对可能由于纳税人的行为或者某种客观原因，致使以后税款的征收不能保证或难以保证的案件，采取限制纳税人处理或转移商品、货物或其他财产的措施。税务机关有根据认为从事生产、经营的纳税人有逃避纳税义务行为的，可以在规定的纳税期之前，责令限期缴纳税款；在限期内发现纳税人有明显转移、隐匿其应纳税的商品、货物以及其他财产迹象的，税务机关应责令其提供纳税担保。

税务机关责令具有税法规定情形的纳税人提供纳税担保而纳税人拒绝提供纳税担保或无力提供纳税担保的，经县级以上税务局（分局）局长批准，税务机关可以采取下列税收保全措施：

（1）书面通知纳税人开户银行或者其他金融机构冻结纳税人的相当于应纳税款金额的存款。

（2）扣押、查封纳税人的价值相当于应纳税款的商品、货物或者其他财产。

纳税人在规定的期限内缴纳税款的，税务机关应按规定在收到税款或银行转回的税票后24小时内解除税收保全。

个人及其所抚养的家属维持生活必需的住房和用品，不在税收保全措施的范围之内。税务机关对单价在5 000元以下的其他生活用品，不采取税收保全措施。

2. 税收强制执行

根据《税收征收管理法》的规定，从事生产、经营的纳税人、扣缴义务人未按照规定的期限缴纳或者解缴税款，纳税担保人未按照规定的期限缴纳所担保的税款，由税务机关责令限期缴纳，逾期仍未缴纳的，经县级以上税务局（分局）局长批准，税务机关可以采取下列强制执行措施：

（1）书面通知其开户银行或者其他金融机构从其存款中扣缴税款。

（2）扣押、查封、依法拍卖或者变卖其价值相当于应纳税款的商品、货物或者其他财产，以拍卖或者变卖所得抵缴税款。

税务机关采取强制执行措施时，对纳税人、扣缴义务人、纳税担保人未缴纳的滞纳金同时强制执行。个人及其所抚养家属维持生活所必需的住房和用品，不在强制执行措施的范围内。税务机关对单价5 000元以下的其他生活用品，不采取强制执行措施。

考点2 税款的退还和追征

1. 税款退还

依据《税收征管法》第51条的规定，纳税人不论何种原因超过应纳税额多缴纳的税款，税务机关发现后应当立即退还；纳税人自结算缴纳税款之日起3年内发现的，可以向税务机关要求退还多缴的税款并加算银行同期存款利息，税务机关及时查实后应立即退还；涉及从国库中退库的，依照法律、行政法规有关国库管理的规定退还。如果纳税人在结清缴纳税款之日起3年后才向税务机关提出退还多缴税款要求的，税务机关将不予受理。

2. 税款的追征

《税收征管法》第52条规定，税务机关对超过纳税期限未缴或少缴税款的纳税人可以在规定的期限内予以追征。根据该条规定，税款的追征具有以下三种情形：

（1）因税务机关的责任，致使纳税人、扣缴义务人未缴或少缴款的，税务机关在3年内可以要求纳税人、扣缴义务人补缴税款，但是不得加收滞纳金。

（2）因纳税人、扣缴义务人计算错误等失误，未缴或者少缴款的，税务机关在3年内可以追征税款，并加收滞纳金；有特殊情况的（即数额在10万元以上的），追征期可以延长到 5 年。

（3）对因纳税人、扣缴义务人和其他当事人偷税、抗税、骗税等原因而造成未缴或者少缴的税款，或骗取的退税款，税务机关可以无限期追征。

考点 3　税务检查

1. 税务检查的内容

税务机关有权进行下列税务检查：

（1）检查纳税人的账簿、记账凭证、报表和有关资料；检查扣缴义务人代扣代缴、代收代缴税款账簿、记账凭证和有关资料。（账簿查询权）

（2）到纳税人的生产、经营场所和货物存放地检查纳税人应纳税的商品、货物或者其他财产；检查扣缴义务人与代扣代缴、代收代缴税款有关的经营情况。（场地检查权）

（3）责成纳税人、扣缴义务人提供与纳税或者代扣代缴、代收代缴税款有关的文件、证明材料和有关资料。（责成提供资料权）

（4）询问纳税人、扣缴义务人与纳税或者代扣代缴、代收代缴税款有关的问题和情况。（询问权）

（5）到车站、码头、机场、邮政企业及其分支机构检查纳税人托运、邮寄应纳税商品、货物或者其他财产的有关单据、凭证和有关资料。（车站码头检查权）

（6）经县以上税务局（分局）局长批准，凭全国统一格式的检查存款账户许可证明，查询从事生产经营的纳税人、扣缴义务人在银行或者其他金融机构的存款账户。税务机关在调查税收违法案件时，经设区的市、自治州以上税务局（分局）局长批准，可以查询案件涉嫌人员的储蓄存款。税务机关查询所获得的资料，不得用于税收以外的用途。（账户查询权）

2. 税务检查手段

税务机关调查税务违法案件时，对与案件有关的情况和资料，可以记录、录音、录像、照相和复制。

3. 税务检查措施

税务机关对从事生产、经营的纳税人以前纳税期的纳税情况依法进行税务检查时，发现纳税人有逃避纳税义务行为，并有明显的转移、隐匿其应纳税的商品、货物以及其他财产或者应纳税的收入迹象的，可以按照《征管法》规定的批准权限采取税收保全措施或者强制执行措施。税务机关采取税收保全措施的期限一般不得超过 6 个月；重大案件需要延长的，应当报国家税务总局批准。

考点 4　税收法律责任

税收法律责任的形式主要有行政法律责任和刑事法律责任两种。

1. 税收违法的行政处罚

对于纳税主体而言，其行政法律责任形式主要是行政处罚，包括：

（1）责令限期改正。

（2）罚款。

（3）没收违法所得，没收非法财物。

（4）收缴未用发票和暂停供应发票。

（5）停止出口退税权。

2. 税收违法的刑事处罚

税收刑事处罚是指享有刑事处罚权的国家机关对违反税收刑事法律规范，依法应当给予刑事处罚的公民、法人或其他组织法律制裁的行为。主要有以下几种形式：

（1）拘役。剥夺犯罪分子的短期自由，就近进行改造。适用于罪行较轻又需要关押的犯罪分子。拘役期限为 15 天以上 6 个月以下。

（2）判处徒刑。徒刑分为有期徒刑和无期徒刑两种。有期徒刑是剥夺犯罪分子一定期限的人身自由，实行强制劳动改造的刑罚。无期徒刑是剥夺犯罪分子的终身自由，实行强制劳动改造的刑罚。

（3）罚金。罚金是判处犯罪分子向国家缴纳一定金额金钱的刑罚。罚金是一种轻刑，单处罚金一般只适用于轻微犯罪；在主刑后附加并处罚金适用于较重的犯罪。

（4）没收财产。没收财产是将犯罪分子个人所有财产的一部分或全部强制无偿地收归国家所有的刑罚。没收财产是重于罚金的财产刑，主要适用于严重经济犯罪。

七、税务行政复议

当事人不服税务机关及其工作人员做出的具体行政行为，依法向上一级税务机关（复议机关）提出申请，复议机关经审理对原税务机关具体行政行为依法做出维持、变更、撤销等决定的活动。

复议程序环节有申请、受理、审理、决定。

考点 1　税务行政复议的范围

行政复议机关受理申请人对税务机关下列具体行政行为不服提出的行政复议申请：

（1）税务机关作出的征税行为，包括确认纳税主体、征税对象、征税范围、减税、免税、退税、抵扣税款、适用税率、计税依据、纳税环节、纳税期限、纳税地点和税款征收方式等具体行政行为，征收税款、加收滞纳金，扣缴义务人、受税务机关委托的单位和个人作出的代扣代缴、代收代缴、代征行为等。

（2）行政许可、行政审批行为。

（3）发票管理行为，包括发售、收缴、代开发票等。

（4）税收保全措施、强制执行措施。

（5）税务机关作出的行政处罚行为：①罚款；②没收非法财物和违法所得；③停止出口退税权。

（6）税务机关不依法履行下列职责的行为：①颁发税务登记证；②开具、出具完税凭证、外出经营活动税收管理证明；③行政赔偿；④行政奖励；⑤其他不依法履行职责的行为。

（7）资格认定行为。

（8）不依法确认纳税担保行为。

（9）政府信息公开工作中的具体行政行为。

（10）纳税信用等级评定行为。

（11）通知出入境管理机关阻止出境行为。

（12）其他具体行政行为。

【提示】税务行政复议和税务行政诉讼的选择：

（1）申请人对税务行政复议范围中"第（1）项规定的行为"不服的，应当先向行政复议机关申请行政复议，对行政复议决定不服的，才可以向人民法院提起行政诉讼。（必经复议）

（2）申请人对税务行政复议范围中"第（1）项规定"以外的其他具体行政行为不服的，可以申请行政复议，也可以直接向人民法院提起行政诉讼。（选择性复议）

考点2　税务行政复议的管辖

（1）对各级国家税务局的具体行政行为不服的，向其上一级国家税务局申请行政复议。

（2）对各级地方税务局的具体行政行为不服的，可以选择向其上一级地方税务局或者该税务局的本级人民政府申请行政复议。

（3）省、自治区、直辖市人民代表大会及其常务委员会、人民政府对地方税务局的行政复议管辖另有规定的，从其规定。

（4）对国家税务总局做出的具体行政行为不服的，向国家税务总局申请行政复议。对行政复议决定不服，申请人可以向人民法院提起行政诉讼，也可以向国务院申请裁决。国务院的裁决为终局裁决。

考点3　税务行政复议的决定

（1）复议机关应当自受理申请之日起60日内作出行政复议决定。情况复杂、不能在规定期限内作出行政复议决定的，经复议机关负责人批准，可以适当延长并告知申请人和被申请人，但延长期限最多不超过30日。

（2）复议机关作出行政复议决定，应当制作行政复议决定书，并加盖印章。行政复议书一经送达，即发生法律效力。

（3）行政复议决定的类型：①维持决定；②限期履行决定；③撤销、变更或确认的决定；④责令赔偿的决定。

典型例题

【例题1·多选题】根据《税收征管法》的规定，需要办理开业税务登记的纳税人有（　　）。

A. 领取营业执照从事生产经营活动的纳税人　　B. 享受免税优惠企业

C. 只交纳个人所得税的自然人　　D. 企业在外地设立分支机构

【答案】ABD

【解析】除国家机关、个人和无固定生产、经营场所的流动性农村小商贩以外的纳税人，也应当按照规定办理税务登记。

【例题2·多选题】下列属于普通发票的有（　　）。

A. 商业批发统一发票　　B. 商业零售统一发票

C. 商品房销售发票　　D. 电信企业邮票

【答案】ABC

【解析】D属于专业发票。

【例题3·多选题】根据税收征收管理法律制度的规定，下列各项中，属于税收保全措施的有（　　）。

A. 书面通知纳税人开户银行从其存款中直接扣缴税款

B. 拍卖纳税人的价值相当于应纳税款的商品、货物或者其他财产

C. 书面通知纳税人开户银行冻结纳税人的金额相当于应纳税款的存款

D. 扣押、查封纳税人的价值相当于应纳税款的商品、货物或者其他财产

【答案】CD

【解析】A 和 B 属于税收强制执行措施。

第四章　财政法律制度

章节简介

　　财政法律制度包括预算法律制度、政府采购法律制度和国库集中收付制度三个方面的内容。本章知识点较多，可以各种题型进行考查。常考考点包括：国家预算的概念、作用、级次、构成，预算管理职权，预算收入和预算支出，预决算工作的组织和监督；政府采购的概念、功能、模式、当事人、方式和监督检查；国库单一账户体系的概念和构成，财政性资金收缴、支付方式和程序。

第一节　预算法律制度

考纲重点分布

一、预算法律制度	1. 预算法律制度的构成	了解
	2. 国家预算概述	掌握
	3. 预算管理的职权	掌握
	4. 预算收入与预算支出	了解
	5. 预算组织程序	掌握
	6. 决算	了解
	7. 预决算的监督	掌握

考点精解

一、预算法律制度的构成

　　预算法律制度是指国家经过法定程序制定的，用以调整国家预算关系的法律、行政法规和相关规章制度。我国预算法律制度由《中华人民共和国预算法》（以下简称《预算法》）、《中华人民共和国预算法实施条例》（以下简称《预算法实施条例》）以及有关国家预算管理的其他法规制度构成。

考点1 《预算法》

《预算法》是1994年3月22日由第八届全国人民代表大会第二次会议通过，于1995年1月1日起施行。

1. 章节

共11章79条，包括总则、预算管理权限、预算收支范围、预算编制、预算审查和批准、预算执行、预算调整、决算、监督、法律责任及附则。

2. 特点

《预算法》是我国第一部财政基本法律，是我国国家预算管理工作的根本性法律，是制定其他预算法规的基本依据。

考点2 《预算法实施条例》

为了贯彻实施《预算法》，使之更具有操作性，为预算及其监督提供更为具体明确的行为准则，1995年11月22日国务院发布了《预算法实施条例》，共分为8章79条，自发布之日起施行。它根据《预算法》所确立的基本原则和规定，对其中的有关法律概念以及预算管理的方法和程序等作了具体规定。

二、国家预算概述

考点1 国家预算的概念

国家预算也称政府预算，是政府的基本财政收支计划，即经法定程序批准的国家年度财政收支计划。国家预算是实现财政职能的基本手段，反映国家的施政方针和社会经济政策，规定政府活动的范围和方向。

考点2 国家预算的作用

1. 财力保证作用

国家预算既是保障国家机器运转的物质条件，又是政府实施各项社会经济政策的有效保证。

2. 调节制约作用

国家预算作为国家的基本财政计划，是国家财政实行宏观控制的主要依据和主要手段。国家预算的收支规模可调节社会总供给和总需求的平衡，预算支出的结构可调节国民经济结构，因而国家预算的编制和执行情况对国民经济和社会发展都有直接的制约作用。

3. 反映监督作用

国家预算是国民经济的综合反映，预算收入反映国民经济发展规模和经济效益水平，预算支出反映各项建设事业发展的基本情况。

考点3 国家预算的级次划分

根据国家政权结构、行政区域划分和财政管理体制的要求，按照一级政府设立一级预算的原则，我国国家预算共分为五级预算，具体包括：

（1）中央（中央政府及直属各个部门）预算。

（2）省级（省、自治区、直辖市）预算。

（3）<u>地市级</u>（设区的市、自治州）预算。

（4）<u>县市级</u>（县、自治县、不设区的市、市辖区）预算。

（5）<u>乡镇级</u>（乡、民族乡、镇）预算。

【提示】不具备设立预算条件的乡、民族乡、镇，经省、自治区、直辖市政府确定，可以暂不设立预算。

考点4 国家预算的构成

1. <u>按照政府级次可分为中央预算和地方预算</u>

（1）中央预算。<u>中央政府财政收支计划，由中央各部门（含直属单位）的预算组成，包括地方向中央上缴的收入数额和中央返还地方或者补助地方的数额</u>。其中，中央各部门是指与财政部直接发生预算缴款、拨款关系的国家机关、军队、政党组织和社会团体；直属单位是指与财政部直接发生预算缴款、拨款关系的企业和事业单位。

（2）地方预算。由各省、自治区、直辖市总预算组成。地方各级政府预算由本级各部门（含直属单位）的预算组成，包括下级政府向上级政府上缴的收入数额和上级政府对下级政府返还或者给予补助的数额。其中，本级各部门是指与本级政府财政部门直接发生预算缴款、拨款关系的地方国家机关、政党组织和社会团体；直属单位是指与本级政府财政部门直接发生预算缴款、拨款关系的企业和事业单位。

2. <u>按照收支管理范围可分为总预算和部门单位预算</u>

（1）总预算。<u>政府的财政汇总预算</u>。地方各级总预算由本级政府预算和所属下级政府的总预算汇编而成，由<u>财政部门</u>负责编制。下级政府只有本级预算的，下级政府总预算即指下级政府的本级预算；没有下级政府预算的，总预算即指本级预算。

（2）部门单位预算。<u>部门、单位的收支预算</u>。各部门预算由本部门所属各单位预算组成。单位预算是指列入部门预算的国家机关、社会团体和其他单位的收支预算。

三、预算管理的职权

考点1 各级人民代表大会及其常务委员会的职权（见表4-1）

表4-1 各级人民代表大会及其常务委员会的职权

		职权
各级人民政府代表大会	全国人民代表大会	①<u>审查</u>中央和地方<u>预算草案及中央和地方预算执行情况的报告</u> ②<u>批准</u>中央预算和中央预算<u>执行情况的报告</u> ③<u>改变或者撤销</u>全国人民代表大会常务委员会关于预算、决算的不适当的决议
	全国人民代表大会常务委员会	①<u>监督</u>中央和地方预算的执行 ②<u>审查和批准中央预算的调整方案</u> ③<u>审查和批准中央决算</u> ④<u>撤销</u>国务院制定的同宪法、法律相抵触的关于预算、决算的行政法规、决定和命令 ⑤<u>撤销</u>省、自治区、直辖市人民代表大会及其常务委员会制定的同宪法、法律和行政法规相抵触的关于预算、决算的地方性法规和决议

续表

		职权
各级人民政府代表大会	县级以上地方各级人民代表大会	①审查本级总预算草案及本级总预算执行情况的报告 ②批准本级预算和本级预算执行情况的报告 ③改变或者撤销本级人民代表大会常务委员会关于预算、决算的不适当的决议 ④撤销本级政府关于预算、决算的不适当的决定和命令
	县级以上地方各级人民代表大会常务委员会	①监督本级总预算的执行 ②审查和批准本级预算的调整方案 ③审查和批准本级政府决算 ④撤销本级政府和下一级人民代表大会及其常务委员会关于预算、决算的不适当的决定、命令和决议
	乡、民族乡、镇的人民代表大会	①审查和批准本级预算和本级预算执行情况的报告 ②监督本级预算的执行 ③审查和批准本级预算的调整方案；审查和批准本级决算 ④撤销本级政府关于预算、决算的不适当的决定和命令

考点2 各级财政部门的职权（见表4-2）

表4-2 各级财政部门的职权

各级财政部门	国务院财政部门	①具体编制中央预算、决算草案 ②具体组织中央和地方预算的执行 ③提出中央预算预备费动用方案 ④具体编制中央预算的调整方案 ⑤定期向国务院报告中央和地方预算的执行情况
	地方各级政府财政部门	①具体编制本级预算、决算草案 ②具体组织本级总预算的执行 ③提出本级预算预备费动用方案 ④具体编制本级预算的调整方案 ⑤定期向本级政府和上一级政府财政部门报告本级总预算的执行情况

考点3 各部门、各单位的职权（见表4-3）

表4-3 各部门、各单位的职权

各部门、各单位	各部门	①编制本部门预算、决算草案 ②组织和监督本部门预算的执行 ③定期向本级政府财政部门报告预算的执行情况
	各单位	①编制本单位预算、决算草案 ②按照国家规定上缴预算收入 ③安排预算支出 ④接受国家有关部门的监督

四、预算收入与预算支出

考点1　预算收入

预算收入是指在预算年度内通过一定的形式和程序，有计划地筹措到的国家支配的资金，是实现国家职能的财力保证。

1. 预算收入按归属划分（见表4-4）

表4-4　预算收入按归属划分

	中央预算收入	①中央本级收入 ②地方按照规定向中央上缴的收入
预算收入	地方预算收入	①地方本级收入 ②中央按照规定返还或者补助地方的收入
	中央和地方财政共享收入	中央预算和地方预算对同一税种的收入，按照一定划分标准或者比例分享的收入

2. 预算收入按其来源划分

（1）税收收入，是指国家财政收入的主要来源。

（2）国有资产收益，是指各部门和各单位占有、使用和依法处分境内外国有资产产生的收益，按照国家有关规定应当上缴预算的部分，如国有资产投资产生的股息。

（3）专项收入，是指根据特定需要由国务院批准或者经国务院授权由财政部批准，设置、征集和纳入预算管理、有专项用途的收入，如铁道专项收入、征收排污费专项收入、电力建设基金专项收入。

（4）其他收入，是指不属于上述的各项收入，如规费收入、罚没收入。规费收入是指国家机关为居民或团体提供特殊服务或实施行政管理所收取的手续费和工本费，如工商企业登记费、商标注册费、公证费等。

考点2　预算支出

预算支出，是指国家对集中的预算收入有计划地分配和使用而安排的支出。

1. 预算支出按照内容划分

预算支出按照内容划分为经济建设支出、事业发展支出、国家管理费用支出、国防支出、各项补贴支出和其他支出。

（1）经济建设支出是预算支出的主要部分。

（2）事业发展支出包括教育、科学、文化、卫生、体育等支出。

（3）国家管理费用支出包括国家权力机关、行政机关和司法机关的行政管理费支出等。

（4）国防支出包括国防费、国防科研事业费、民兵建设费等。

（5）各项补贴支出包括粮油补贴、农业生产资料价差补贴等。

（6）其他支出包括对外援助支出、财政贴息支出、国家物资储备支出、少数民族地区补助费等。

2. 预算支出按主体划分（见表 4 - 5）

表 4 - 5　预算支出按主体划分

预算支出	中央预算支出	①中央本级支出 ②中央返还或者补助地方的支出
	地方预算支出	①地方本级支出 ②地方按照规定上缴中央的支出

五、预算组织程序

预算组织程序，即国家在预算管理方面依序进行的各个工作环节所构成的有秩序活动的总体，主要包括预算的编制、审批、执行和调整。

考点 1　预算的编制

预算的编制是指国家制定取得和分配使用预算资金的年度计划的活动。它是一种基础性的程序。在这一阶段编制的预算，实际上是预算草案，不具有法律效力。预算草案是指各级政府、各部门、各单位编制的未经法定程序审查和批准的预算收支计划。

1. 预算年度

预算年度自公历 1 月 1 日起至 12 月 31 日止。

2. 预算草案的编制依据（见表 4 - 6）

表 4 - 6　预算草案的具体编制依据

各级政府	各部门、各单位
①法律、法规	①法律、法规
②国民经济和社会发展计划、财政中长期计划以及有关的财政经济政策	②本部门、本单位的职责、任务和事业发展计划
③本级政府的预算管理职权和财政管理体制确定的预算收支范围	③本部门、本单位的定员定额标准
④上一年度预算执行情况和本年度预算收支变化因素	④本部门、本单位上一年度预算执行情况和本年度预算收支变化因素
⑤上级政府对编制本年度预算草案的指示和要求	⑤本级政府的指示和要求以及本级政府财政部门的部署

3. 预算草案的编制内容（见表 4 - 7）

表 4 - 7　预算草案的编制内容

中央预算的编制内容	地方各级政府预算的编制内容
①本级预算收入和支出	①本级预算收入和支出
②上一年度结余用于本年度安排的支出	②上一年度结余用于本年度安排的支出
③返还或者补助地方的支出	③上级返还或者补助的收入

中央预算的编制内容	地方各级政府预算的编制内容
	④返还或补助下级的支出
④地方上缴的收入	⑤上缴上级的支出
	⑥下级上缴的收入

考点 2　预算的审批

1. 概念

预算的审批是指国家各级权力机关对同级政府所提出的预算草案进行审查和批准的活动。预算草案经审批生效，就成为正式的国家预算，并具有法律约束力，非经法定程序，不得改变。

2. 审批

中央预算由全国人民代表大会审查和批准，地方各级政府预算由本级人民代表大会审查和批准。

3. 备案

各级政府预算经本级人大批准后，必须依法自下而上地向相应的国家机关备案。

4. 批复

各级政府预算经本级人民代表大会批准后，本级政府财政部门应当及时向本级各部门批复预算。各部门应当及时向所属各单位批复预算。

考点 3　预算的执行

（1）各级预算由本级政府组织执行，具体工作由本级政府财政部门负责。

（2）预算收入征收部门必须按照法律、行政法规的规定，及时、足额征收应征的预算收入。不得违反法律、行政法规规定，擅自减征、免征或者缓征应征的预算收入，不得截留、占用或者挪用预算收入。

（3）各级政府财政支出部门必须依照法律、行政法规和国务院财政部门的规定，及时、足额地拨付预算支出资金，加强对预算支出的管理和监督。各级政府、各部门、各单位的支出必须按照预算执行。

【提示】预算的收入和支出必须通过国库进行。国库是预算执行的中间环节，是国家进行预算收支活动的出纳机关。县级以上各级预算必须设立国库；具备条件的乡、民族乡、镇也应当设立国库。各级国库库款的支配权属于本级政府财政部门。

考点 4　预算的调整

1. 概念

预算调整是指经全国人民代表大会批准的中央预算和经地方各级人民代表大会批准的本级预算，在执行中因特殊情况需要增加支出或者减少收入，使原批准的收支平衡的预算的总支出超过总收入，或者使原批准的预算中举借债务的数额增加的部分变更。

2. 审批

根据《预算法》第 54 条规定，各级政府对于必须进行的预算调整，应当编制预算调整方案。中央预算的调整方案必须提请全国人民代表大会常务委员会审查和批准；县级以上地方各级政府预算的调整方案必须提请本级人民代表大会常务委员会审查和批准；乡、民族乡、镇政府预算的调整方案必须提请本级人民代表大会审查和批准。未经批准，不得调整预算。

3. 备案

根据《预算法》第 58 条规定，地方各级政府预算的调整方案经批准后，由本级政府报上一级政府备案。

4. 不属于预算调整的范围

（1）在预算执行中，因上级政府返还或给予补助而引起的预算收支变化，不属于预算调整。

（2）接受返还或者补助款项的县级以上地方各级政府应当向本级人大常委会报告有关情况。

（3）接受返还或者补助款项的乡、民族乡、镇政府应当向本级人民代表大会报告有关情况。

六、决算

考点　决算

1. 编制

决算草案由各级政府、各部门、各单位，在每一预算年度终了后按照国务院规定的时间编制。

2. 审批

国务院财政部门编制中央决算草案，报国务院审定后，由国务院提请全国人大常委会审查和批准。县级以上地方各级政府财政部门编制本级决算草案，报本级政府审定后，由本级政府提请本级人大常委会审查和批准。乡、民族乡、镇政府编制本级决算草案，提请本级人民代表大会审查和批准。

3. 备案

县级以上地方各级政府应当自本级人民代表大会常务委员会批准本级政府决算之日起30 日内，将本级政府决算及下一级政府上报备案的决算汇总，报上一级政府备案。

七、预决算的监督

考点 1　权力机关的监督

（1）全国人大及其常委会对中央和地方预算、决算进行监督。

（2）县级以上各级人大及其常委会对本级和下级政府预算、决算进行监督。

考点 2　各级政府的监督

各级政府监督下级政府的预算执行；下级政府应当定期向上一级报告预算执行情况。

考点 3　财政部门的监督

各级政府财政部门负责监督检查本级各部门及其所属各单位预算的执行；并向本级政府和上一级政府财政部门报告预算执行情况。

考点 4　审计部门的监督

各级政府审计部门对本级各部门、各单位和下级政府的预算执行和决算实行审计监督。

典型例题

【例题 1·多选题】 下列（　　）属于全国人民代表大会的预算管理职权。

A. 审查中央和地方预算草案及中央和地方预算执行情况的报告

B. 组织中央和地方预算执行

C. 批准中央预算和预算执行情况的报告

D. 改变或者撤销全国人民代表大会常务委员会关于预算、决算的不适当的决议

【答案】 ACD

【解析】 全国人民代表大会审查中央和地方预算草案及中央和地方预算执行情况的报告；批准中央预算和中央预算执行情况的报告；改变或者撤销全国人民代表大会常务委员会关于预算、决算的不适当的决议。

【例题 2·多选题】 根据《预算法》的规定，下列各项中，属于县级以上地方各级人民代表大会的职权的是（　　）。

A. 审查本级总预算草案及本级总预算执行情况的报告

B. 批准本级预算和本级预算执行情况的报告

C. 改变或者撤销本级人民代表大会常务委员会关于预算、决算的不适当的决议

D. 撤销本级政府关于预算、决算的不适当决定和命令

【答案】 ABCD

【解析】 本题考核县级以上地方各级人民代表大会的职权。

【例题 3·单选题】 《预算法》规定，中央预算的调整方案必须提请（　　）审查和批准。

A. 全国人民代表大会　　　　　　B. 全国人民代表大会常务委员会

C. 国务院　　　　　　　　　　　D. 财政部

【答案】 B

【解析】 中央预算的调整方案必须提请全国人民代表大会常务委员会审查和批准。

【例题 4·单选题】 根据我国《预算法》的规定，（　　）负责审查和批准中央预算。

A. 全国人民代表大会　　　　　　B. 全国人民代表大会常务委员会

C. 国务院　　　　　　　　　　　D. 财政部

【答案】 A

【解析】 我国《预算法》规定，中央预算由全国人民代表大会审查和批准。

【例题 5·多选题】 预算监督主体有（　　）。

A. 各级国家权力机关即各级人民代表大会及其常务委员会

B. 各级人民政府

C. 各级人民政府的财政部门

D. 各级政府审计部门

【答案】 ABCD

【解析】 本题考核预算监督主体。

第二节 政府采购法律制度

考纲重点分布

二、政府采购法律制度	1. 政府采购法律制度的构成	了解
	2. 政府采购的概念	了解
	3. 政府采购的原则	了解
	4. 政府采购的功能	了解
	5. 政府采购的执行模式	掌握
	6. 政府采购当事人	了解
	7. 政府采购方式	掌握
	8. 政府采购的监督检查	了解

考点精解

一、政府采购法律制度的构成

考点 政府采购法律制度的构成

我国的政府采购法律制度由《中华人民共和国政府采购法》（以下简称《政府采购法》）、国务院各部门特别是财政部颁布的一系列部门规章以及地方性法规和政府规章组成。

1. 政府采购法

2002 年 6 月 29 日，第九届全国人大常委会第二十八次会议通过了《政府采购法》，自2003 年 1 月 1 日起施行。《政府采购法》是规范我国政府采购活动的根本大法，是制定其他政府采购法规制度的基本依据。《政府采购法》共 9 章 88 条，除总则和附则外，分别对政府采购当事人、政府采购方式、政府采购程序、政府采购合同、质疑和投诉、监督检查、法律责任等问题，作出了较为全面的规定。

2. 政府采购部门规章

政府采购部门规章主要是指国务院财政部门制定的规章。为了细化《政府采购法》的相关规定，增强《政府采购法》的可操作性，财政部颁布了《政府采购信息公告管理办法》、《政府采购货物和服务招标投标管理办法》等。

3. 政府采购地方性法规和政府规章

政府采购地方性法规是指省、自治区、直辖市的人民代表大会及其常务委员会在不与法律、行政法规相抵触的情况下制定的规范性文件。政府采购地方性法规和政府规章，包括《河北省政府采购管理暂行办法》、《北京市政府采购办法》等。

二、政府采购的概念与原则

考点1 政府采购的概念

政府采购是指各级国家机关、事业单位和团体组织，使用财政性资金采购依法制定的集中采购目录以内的或者采购限额标准以上的货物、工程和服务的行为。

1. 政府采购的主体

政府采购的主体是依靠国家财政资金运作的政府机关、事业单位和社会团体等。

【提示】国有企业、私营企业或集体企业不属于政府采购的主体范围。

2. 政府采购的资金范围

政府采购的资金来源为财政性资金和需要财政偿还的公共借款。这些资金的最终来源为纳税人的税收和政府对公共服务的收费。

【提示】按照财政部的现行规定，财政性资金是指预算内资金、预算外资金，以及与财政资金相配套的单位自筹资金的总和。

3. 政府采购的对象范围

政府采购的采购对象包括货物、工程和服务。

（1）货物，是指各种形态和种类的物品，包括原材料、燃料、设备、产品等。

（2）工程，是指建设工程，包括建筑物和构筑物的新建、改建、扩建、装修、拆除、修缮等。

（3）服务，是指除货物和工程以外的其他政府采购对象。

4. 政府集中采购目录和政府采购限额标准

政府集中采购目录和采购限额标准由省级以上人民政府确定并公布。属于中央预算的政府采购项目，其集中采购目录由国务院确定并公布；属于地方预算的政府采购项目，其集中采购目录由省、自治区、直辖市人民政府或者其授权的机构确定并公布。纳入集中采购目录的政府采购项目，应当实行集中采购。政府采购限额标准，属于中央预算的政府采购项目，由国务院确定并公布；属于地方预算的政府采购项目，由省、自治区、直辖市人民政府或者其授权的机构确定并公布。

考点2 政府采购的原则

1. 公开透明原则

公开透明是政府采购必须遵循的基本原则之一，政府采购被誉为"阳光下的交易"，即源于此。公开透明要求做到政府采购的法规和规章制度要公开，招标信息及中标、成交结果、开标活动、投诉处理结果、司法裁决决定等都要公开，使政府采购活动在完全透明的状态下运作，全面、广泛地接受监督。

公开透明原则应贯穿政府采购全过程，具体体现为：

（1）公开的内容。应当公开的政府采购信息包括：政府采购法规政策，省级以上人民政府公布的集中采购目录，政府采购限额标准和公开招标数额标准，政府采购招标业务代理机构名录，招标投标信息，财政部门受理政府采购投诉的联系方式及投诉处理决定，财政部门对集中采购机构的考核结果，采购代理机构、供应商不良行为记录名单等。

（2）公开的标准。政府采购公开的信息应当符合内容真实、准确可靠、发布及时、便于获得查找等标准。

（3）公开的途径。政府采购应当在省级以上财政部门指定的政府采购信息发布媒体上向社会公开发布。

2. 公平竞争原则

公平竞争原则是指政府采购要通过公平竞争选择最优的供应商，取得最好的采购效果，所有参加竞争的供应商机会均等并受到同等待遇，不得有任何歧视行为。

3. 公正原则

公正原则是为采购人与供应商之间在政府采购活动中处于平等地位而确立的。公正原则要求政府采购要按照事先约定的条件和程序进行，对所有供应商一视同仁，不得有歧视条件和行为，任何单位或个人无权干预采购活动的正常开展。尤其是在评标活动中，要严格按照统一的评标标准评定中标或成交供应商，不得存在任何主观倾向。

4. 诚实信用原则

诚实信用原则是发展市场经济的内在要求。诚实信用要求政府采购当事人本着诚实信用的态度履行各自的权利和义务。一方面，要求采购主体在项目发标、信息公布、评标审标过程中要真实，不得有所隐瞒；另一方面，也要求供应商在提供物品、服务时达到投标时作出的承诺，树立相应的责任意识。

三、政府采购的功能与执行模式

考点 1　政府采购的功能

1. 节约财政支出，提高采购资金的使用效益

政府采购通过公开、公平、公正、透明和科学的制度设计，充分引入竞争制，使得政府采购主体能够购买到性价比较高的货物、工程和服务，从而起到节约财政支出、提高采购资金使用效率的作用。

2. 强化宏观调控

随着政府采购规模和范围不断扩大，政府采购在市场上的影响也越来越大。政府可以通过调整采购规模、采购时间、采购项目等方式来实现特定的宏观调控目标。《政府采购法》明确规定，政府采购应当有助于实现国家经济和社会发展政策目标，包括保护环境、扶持不发达地区和少数民族地区、促进中小企业发展等。

3. 活跃市场经济

政府采购机制充分调动了供应商参与政府采购的积极性。为赢得政府采购的订单，供应商积极提高产品质量，降低生产成本，改善售后服务，增强了企业的竞争力，为市场经济注入了生机和活力。

4. 推进反腐倡廉

政府采购是阳光下的采购，阳光是最好的防腐剂，使一切采购活动在公开、公平、公正的环境中进行，有力地促进了反腐倡廉工作。政府采购制度中的采购人、采购代理机构和供应商三者之间在各自利益的驱动下所形成的内在相互监督机制，可以起到反腐倡廉的作用。

5. 保护民族产业

根据我国《政府采购法》的规定，除极少数法定情形外，政府采购应当采购本国的货物、工程和服务。这一规定体现了国货优先的原则，起到保护本国民族产业的作用。

【提示】政府采购应当采购本国的货物、工程和服务。但有下列情形之一的除外：

（1）需要采购的货物、工程或者服务在中国境内无法获取或者无法以合理的商业条件获取的。

（2）为在中国境外使用而进行采购的。

（3）其他法律、行政法规另有规定的。

考点2　政府采购的执行模式（见表4-8）

《政府采购法》规定，政府采购实行集中采购和分散采购相结合的模式。采购人采购纳入集中采购目录的政府采购项目，应当实行集中采购。

1. 集中采购

集中采购是指一个专门的政府采购机构负责本级政府的全部采购任务。按集中程度不同，集中采购又可分为政府集中采购和部门集中采购两类。其中政府集中采购是指采购单位委托政府集中采购机构（政府采购中心）组织实施的，纳入集中采购目录以内的属于通用性的项目采购活动；部门集中采购是指由采购单位主管部门统一负责组织实施的，纳入集中采购目录以内的属于本部门或本系统有专业技术等特殊要求的项目采购活动。

集中采购的特点有：

（1）采购单位必须委托集中采购机构代理采购，不得自行组织采购，其中部门集中采购可以由主管部门统一组织集中采购。

（2）列入集中采购的项目往往是一些大宗的、通用性的项目，一般采购单位都会涉及并需要采购，或者是一些社会关注程度较高、影响较大的特定商品、大型工程和重要服务类项目。

（3）采购成本低、操作相对规范和社会影响大的特点，可以发挥政府采购的规模优势和政策作用，体现政府采购的效益性和公共性原则，也有利于政府的集中监管和对分散采购的良好示范作用。

2. 分散采购

分散采购是指采购单位自行组织或委托采购代理机构实施的，在集中采购目录以外并在采购限额标准以上的项目采购活动。《政府采购法》规定，采购未纳入集中采购目录的政府采购项目，可以自行采购，也可以委托集中采购机构在委托的范围内代理采购。

分散采购的特点有：

（1）采购单位可以依法自行组织实施采购，也可以委托集中采购机构或其他具有政府采购代理资格的社会中介机构代理采购。委托集中采购机构采购的，采购单位不需支付任何采购代理费用；而如果是委托社会中介机构采购的，则需要按规定支付一定的采购代理费用。

（2）列入分散采购的项目往往是一些专业化程度较高或单位有特定需求的项目，一般不具有通用性的特征。

（3）可以借助受托单位的技术优势和社会中介代理机构的专业优势，可充分调动单位政府采购的积极性和主动性，提高采购效率，同时也有利于实现政府采购不断"扩面增量、稳步渐进"的工作目标。

总结：政府采购的执行模式如表4-8所示。

表4-8　政府采购的执行模式

执行模式	适用范围	特点	优点	缺点
集中采购	纳入集中采购目录的政府采购项目	采购权与使用权的高度分离，采购权的高度集中统一	取得规模效益、降低采购成本、保证采购质量、贯彻落实政府采购有关政策取向，便于实施统一的管理和监督	难以适应紧急情况采购、难以满足用户多样性需求、采购程序复杂、采购周期较长等
分散采购	凡采购未纳入集中采购目录的政府采购项目，可以自行采购，也可以委托集中采购机构在委托的范围内代理采购	采购者与使用者、采购权与使用权的合一	有利于满足采购及时性和多样性的需求，手续简单	失去了规模效益、加大了采购成本、不便于检查管理等

四、政府采购当事人

考点1　采购人（见表4-9）

表4-9　政府采购的采购人

当事人	特征和条件	权利	义务
采购人	①采购人是依法进行政府采购的国家机关、事业单位和团体组织 ②采购人的政府采购行为从筹划、决策到实施，都必须在《政府采购法》等法律法规的规范内进行	①自行选择采购代理机构的权利 ②要求采购代理机构遵守委托协议约定的权利 ③审查政府采购供应商的资格的权利 ④依法确定中标供应商的权利 ⑤签订采购合同并参与对供应商履约验收的权利 ⑥特殊情况下提出特殊要求的权利。如对于纳入集采购目录属于本部门、本系统有特殊要求的项目，可以实行部门集中采购；属于本单位有特殊要求的项目，经省级以上人民政府批准，可以自行采购 ⑦其他合法权利	①遵守政府采购的各项法律、法规和规章制度 ②接受和配合政府采购监督管理部门的监督检查，同时还要接受和配合审计机关的审计监督以及监察机关的监察 ③尊重供应商的正当合法权益 ④遵守采购代理机构的工作秩序 ⑤在规定时间内与中标供应商签订政府采购合同 ⑥在指定媒体及时向社会发布政府采购信息、招标结果 ⑦依法答复供应商的询问和质疑 ⑧妥善保存反映每项采购活动的采购文件 ⑨其他法定义务

考点 2 政府采购的供应商（见表 4 – 10）

表 4 – 10 政府采购的供应商

当事人	特征和条件	权利	义务
供应商	①具有独立承担民事责任的能力；具有良好的商业信誉和健全的财务会计制度；具有履行合同所必需的设备和专业技术能力 ②有依法缴纳税收和社会保障资金的良好记录；参加政府采购活动前三年内，在经营活动中没有重大违法记录；法律、行政法规规定的其他条件	①平等地取得政府采购供应商资格的权利 ②平等地获得政府采购信息的权利 ③自主、平等地参加政府采购竞争的权利 ④就政府采购活动事项提出询问、质疑和投诉的权利 ⑤自主、平等地签订政府采购合同的权利 ⑥要求采购人或采购代理机构保守其商业秘密的权利 ⑦监督政府采购依法公开、公正进行的权利 ⑧其他合法权利	①遵守政府采购的各项法律、法规和规章制度 ②按规定接受供应商资格审查，并在资格审查中客观真实地反映自身情况 ③在政府采购活动中，满足采购人或采购代理机构的正当要求 ④投标中标后，按规定程序签订政府采购合同并严格履行合同义务 ⑤其他法定义务

考点 3 采购代理机构（见表 4 – 11）

采购代理机构是指具备一定条件，经政府有关部门批准而依法拥有政府代理资格的社会中介机构。《政府采购法》中所称的集中采购机构就是采购代理机构。采购代理机构分为集中采购机构和一般采购代理机构。

1. 集中采购机构

集中采购机构是进行政府集中采购的法定代理机构，由设区的市、自治州以上人民政府根据本级政府采购项目组织集中采购的需要设立。集中采购代理机构的性质包括：

（1）集中采购机构是采购代理机构，它只能根据采购人的委托，以代理人的身份办理政府采购事务。集中采购机构完全是为了向采购人提供采购服务而设立的。

（2）集中采购机构不是政府机关，而是非营利性的事业法人。集中采购机构进行的采购不是为了满足自身的需要，而是为采购人采购纳入集中采购目录和部分未纳入集中采购目录的政府采购项目。

2. 一般采购代理机构

一般采购代理机构应是依法成立并具有法人资格的社会中介机构，有能力和良好信誉承担政府采购的业务代理工作。一般采购代理机构在代理过程中，会向委托人或中标人收取一定的服务费。

一般采购代理机构的资格由国务院有关部门或省级人民政府有关部门认定，主要负责分散采购的代理业务。

总结：政府采购的采购代理机构如表 4 – 11 所示。

表 4 – 11 政府采购的采购代理机构

当事人		特征和条件	权利	义务
采购代理机构	集中采购机构	由设区的市、自治州以上人民政府根据本级政府采购项目组织集中采购的需要设立	—	①依法开展代理采购活动并提供良好服务 ②依法发布采购信息 ③依法接受监督管理 ④不得向采购人行贿或者采取其他不正当手段谋取非法利益 ⑤其他法定义务和责任
	一般采购代理机构	由国务院有关部门或省级人民政府有关部门认定，主要负责分散采购的代理业务		

五、政府采购方式

政府采购方式有公开招标、邀请招标、竞争性谈判、单一来源、询价以及国务院政府采购监督管理部门认定的其他采购方式。其中，公开招标应作为政府采购的主要采购方式。

考点 1 公开招标

公开招标是指招标采购单位（即采购人及采购代理机构）依法以招标公告的方式邀请不特定的供应商参加投标的方式。

货物服务采购项目达到公开招标数额标准的，必须采用公开招标的方式。《政府采购法》第 27 条规定，采购人采购货物或者服务应当采用公开招标方式的，其具体数额标准，属于中央预算的政府采购项目，由国务院规定；属于地方预算的政府采购项目，由省、自治区、直辖市人民政府规定；因特殊情况需要采用公开招标以外的采购方式的，应当在采购活动开始前获得设区的市、自治州以上人民政府采购监督管理部门的批准。《政府采购法》第 28 条规定，采购人不得将应以公开招标方式采购的货物或者服务化整为零或者以任何方式规避公开招标采购。

采用公开招标方式采购的，招标采购单位必须在财政部门指定的政府采购信息发布媒体上发布招标公告。采用公开招标方式采购的，自招标文件开始发出之日起至投标人提交投标文件截止之日止，不得少于 20 日。

考点 2 邀请招标

邀请招标方式是指招标采购单位依法从符合相应资格条件的供应商中随机邀请三家以上供应商，并以投标邀请书的方式，邀请其参加投标的方式。《政府采购法》第 29 条规定，符合下列情形之一的货物或者服务，可以依照本法采用邀请招标方式采购：

（1）具有特殊性，只能从有限范围的供应商处采购。

（2）采用公开招标方式的费用占政府采购项目总价值的比例过大。

考点 3 竞争性谈判

竞争性谈判方式是指要求采购人就有关采购事项，与不少于三家供应商进行谈判，最后按照预先规定的成交标准，确定成交供应商的方式。《政府采购法》第 30 条规定，符合下列情形之一的货物或者服务，可以依照本法采用竞争性谈判：

（1）招标后没有供应商投标或者没有合格标的或者重新招标未能成立的。

（2）技术复杂或者性质特殊，不能确定详细规格和具体要求。

(3) 采用招标所需时间不能满足用户紧急需要。

(4) 不能事先计算出价格总额。

考点 4 单一来源

单一来源方式是指采购人向唯一供应商进行采购的方式。《政府采购法》第 31 条规定，符合下列情形之一的货物或者服务，可以依照本法采用单一来源方式采购：

(1) 只能从唯一供应商处采购。

(2) 发生不可预见的紧急情况无法从其他供应商处采购。

(3) 必须保证原有采购项目一致性或者服务配套的要求，需要继续从原供应商处添购，且添购资金总额不超过原合同采购金额 10% 的。

考点 5 询价

询价方式是指只考虑价格因素，要求采购人向三家以上供应商发出询价单，对一次性报出的价格进行比较，最后按照符合采购需求、质量和服务相等且报价最低的原则，确定成交供应商的方式。《政府采购法》第 32 条规定，采购的货物规格、标准统一、现货货源充足且价格变化幅度较小的采购项目，可以依照规定采用询价采购方式。

总结：政府采购方式如表 4 - 12 所示。

表 4 - 12 政府采购方式

	采用方式	供应商	适用范围
公开招标方式	招标公告	不特定	货物服务采购项目达到公开招标数额标准的，必须采用公开招标方式。采购人不得将应当以公开招标方式采购的货物或者服务化整为零或者以其他任何方式规避公开招标采购
邀请招标方式	投标邀请书	随机邀请 3 家以上	①具有特殊性，只能从有限范围的供应商处采购 ②采用公开招标方式的费用占政府采购项目总价值的比例过大
竞争性谈判方式	通过谈判确定供应商	不少于 3 家	①招标后没有供应商投标或者没有合格标的或者重新招标未能成立的 ②技术复杂或者性质特殊，不能确定详细规格和具体要求 ③采用招标所需时间不能满足用户紧急需要 ④不能事先计算出价格总额
单一来源方式	直接采购	1 家	①只能从唯一供应商处采购 ②发生不可预见的紧急情况无法从其他供应商处采购 ③必须保证原有采购项目一致性或者服务配套的要求，需要继续从原供应商处添购，且添购资金总额不超过原合同采购金额 10% 的
询价方式	通过询价确定供应商	3 家以上	采购的货物规格、标准统一、现货货源充足且价格变化幅度较小的采购项目

六、政府采购的监督检查

考点　政府采购的监督检查

《政府采购法》规定，各级人民政府财政部门是负责政府采购监督管理的部门，依法履行对政府采购活动的监督管理职责。除此以外，审计机关、监察机关、社会公众等应当在政府采购的监督中发挥应有作用，集中采购机构、采购人等也应当健全内部监督机制。

1. 政府采购监督管理部门的监督

政府采购监督管理部门应当加强对政府采购活动及集中采购机构的监督检查。监督检查的主要内容包括：

（1）有关政府采购的法律、行政法规和规章的执行情况。

（2）采购范围、采购方式和采购程序的执行情况。

（3）政府采购人员的职业素质和专业技能。

【提示】政府采购监督管理部门应当对集中采购机构的采购价格、节约资金效果、服务质量、信誉状况、有无违法行为等事项进行考核，并定期如实公布考核结果。

2. 集中采购机构的内部监督

集中采购机构应当建立健全内部监督管理制度。采购活动的决策和执行程序应当明确，并相互监督、相互制约。

3. 采购人的内部监督

采购人必须按照《政府采购法》规定的采购方式和采购程序进行采购。政府采购项目的采购标准和采购结果应当公开。

4. 政府其他有关部门的监督

依照法律、行政法规的规定对政府采购负有行政监督职责的政府部门，应当按照其职责分工，加强对政府采购活动的监督。

（1）审计机关的监督。审计机关应当对政府采购进行审计监督。政府采购监督管理部门、政府采购各当事人有关政府采购活动，应当接受审计机关监督。

（2）监察机关的监督。监察机关应当加强对参与政府采购活动的国家机关、国家公务员和国家行政机关任命的其他人员实施监督。

（3）其他有关部门的监督。依照法律、行政法规的规定对政府采购负有行政监督职责的政府有关部门，应当按照其职责分工，加强对政府采购活动的监督。

5. 政府采购活动的社会监督

任何单位和个人对政府采购活动中的违法行为，有权控告和检举，有关部门、机关依照各自职责及时处理。

典型例题

【例题1·单选题】根据政府采购法律制度的规定，对于技术复杂或者性质特殊，不能确定详细规格或者具体要求的货物，其适用的政府采购方式是（　　）。

A. 公开招标方式　　　　　　　　　B. 邀请招标方式

C. 竞争性谈判方式　　　　　　　　D. 单一来源方式

【答案】C

【解析】符合下列情形之一的货物或者服务，可以依照法律采用竞争性谈判方式采购：

（1）招标后没有供应商投标或者没有合格标的或者重新招标未能成立的。

（2）技术复杂或者性质特殊，不能确定详细规格或者具体要求的。

（3）采用招标所需时间不能满足用户紧急需要的。

（4）不能事先计算出价格总额的。

【例题2·多选题】下列属于各级政府编制年度预算草案的依据有（   ）。

A. 法律、法规

B. 本级政府的预算管理职权和财政管理体制确定的预算收支范围

C. 国民经济和社会发展计划、财政中长期计划以及有关的财政经济政策

D. 本级政府的指示和要求以及本级政府财政部门的部署

【答案】ABC

【解析】本题考核各级政府编制年度预算草案的依据。选项D属于各部门、各单位编制年度预算草案的依据。

【例题3·单选题】中央预算的政府采购项目，其集中采购目录由（   ）确定并公布。

A. 财政部   B. 国务院

C. 全国人民代表大会   D. 全国人民代表大会常务委员会

【答案】B

【解析】属于中央预算的政府采购项目，其集中采购目录和政府采购限额标准由国务院确定并公布。

【例题4·单选题】下列采购活动中，适用《政府采购法》调整的是（   ）。

A. 某事业单位使用财政性资金采购办公用品   B. 某国有企业采购原材料

C. 某国有独资公司采购办公用品   D. 某合伙企业采购办公用品

【答案】A

【解析】政府采购，是指各级国家机关、事业单位和团体组织，使用财政性资金采购依法制定的集中采购目录以内的或者采购限额标准以上的货物、工程和服务的行为。

第三节 国库集中收付制度

考纲重点分布

三、国库集中收付制度	1. 国库集中收付制度的概念	了解
	2. 国库单一账户体系	掌握
	3. 财政收入收缴方式和程序	掌握
	4. 财政支出支付方式和程序	掌握

考点精解

一、国库集中收付制度的概念

考点 国库集中收付制度的概念

国库是负责办理国家财政资金收纳和拨付业务的机构。国库集中收付制度一般也称国库单一账户制度，包括国库集中支付制度和收入收缴管理制度，是指由财政部门代表政府设置国库单一账户体系，所有的财政性资金均纳入国库单一账户体系收缴、支付和管理的制度。

二、国库单一账户体系

考点1 国库单一账户体系的概念

国库单一账户体系，是以财政国库存款账户为核心的各类财政性资金账户的集合，所有财政性资金的收入、支付、存储及资金清算活动均在该账户体系运行。

考点2 国库单一账户体系的构成

国库单一账户体系包括：国库单一账户、财政部门零余额账户、预算单位零余额账户、预算外资金财政专户和特设专户。

1. 国库单一账户

财政部门在中国人民银行开设的国库存款账户，简称国库单一账户。该账户用于记录、核算和反映财政预算资金和纳入预算管理的政府性基金的收入和支出活动，并用于与财政部门在商业银行开设的零余额账户进行清算，实现支付。

2. 财政部门零余额账户

财政部门按资金使用性质在商业银行开设的零余额账户（简称财政部门零余额账户），用于财政直接支付和与国库单一账户支出清算。财政部门零余额账户在国库会计中使用，行政单位和事业单位会计中不设置该账户。

3. 预算单位零余额账户

财政部门在商业银行为预算单位开设的零余额账户（简称预算单位零余额账户），用于财政授权支付和清算。预算单位零余额账户在行政单位和事业会计中使用。

4. 预算外资金财政专户

财政部门在商业银行开设的预算外资金财政专户（简称预算外资金专户），用于记录、核算和反映预算外资金的收入支出活动，并用于预算外资金的日常收支清算。

5. 特设专户

经国务院或者国务院授权财政部批准为预算单位在商业银行开设的特殊专户（简称特设专户），用于记录、核算和反映预算单位的特殊专项支出活动，并用于与国库单一账户清算。

总结：国库单一账户体系由下列银行账户构成，如图4-1所示。

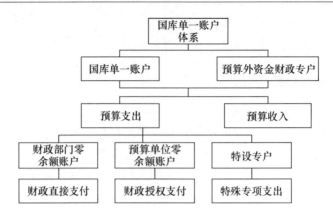

图4-1 国库单一账户体系

三、财政收支的方式和程序

考点1 财政收入收缴方式和程序

1. 收缴方式

财政收入的收缴分为直接缴库和集中汇缴两种方式。

（1）直接缴库是指由缴款单位或缴款人按有关法律法规规定，直接将应缴收入缴入国库单一账户或预算外资金财政专户。

（2）集中汇缴是指由征收机关（有关法定单位）按有关法律法规规定，将所收的应缴收入汇总缴入国库单一账户或预算外资金财政专户。

2. 收缴程序

（1）直接缴库程序。直接缴库的税收收入，由纳税人或税务代理人提出纳税申报，经征收机关审核无误后，由纳税人通过开户银行将税款缴入国库单一账户。直接缴库的其他收入，比照上述程序缴入国库单一账户或预算外资金财政专户。

（2）集中汇缴程序。小额零散税收和法律另有规定的应缴收入，由征收机关于收缴收入的当日汇总缴入国库单一账户。非税收入中的现金缴款，比照本程序缴入国库单一账户或预算外财政专户。

考点2 财政支出支付方式和程序

1. 支付方式

财政性资金的支付实行财政直接支付和财政授权支付两种方式。

（1）财政直接支付，是指由财政部向中国人民银行和代理银行签发支付指令，代理银行根据支付指令通过国库单一账户体系将资金直接支付到收款人或用款单位账户。按照国库集中收付制度的规定，实行财政直接支付的支出包括：

1）工资支出、购买支出以及中央对地方的专项转移支付。

2）转移支出（中央对地方专项转移支出除外），包括中央对地方的一般性转移支出中的税收返还、原体制补助、过渡期转移支付、结算补助等支出，对企业的补贴和未指明购买内容的某些专项支出等，支付到用款单位。

（2）财政授权支付，是指预算单位按照财政部门的授权，自行向代理银行签发支付指令，代理银行根据支付指令，<u>在财政部门批准的预算单位的用款额度内</u>，通过国库单一账户体系将资金支付到<u>收款人账户</u>。<u>实行财政授权支付的支出包括未实行财政直接支付的购买支出和零星支出</u>，具体包括：

　　1）单件物品或单项服务购买额不足 10 万元人民币的购买支出。

　　2）年度财政投资不足 50 万元人民币的工程采购支出。

　　3）特别紧急的支出。

　　4）经财政部门批准的其他支出。

　　2. 支付程序

　　（1）<u>财政直接支付程序</u>。

　　1）预算单位申请。

　　2）<u>财政部门国库支付执行机构开具支付令</u>。

　　3）代理银行划拨资金。

　　4）资金清算。

　　5）出具入账通知书。

　　6）会计处理。

　　（2）财政授权支付程序。

　　1）预算单位申请月度用款限款。

　　2）通知支付银行。

　　3）代理银行办理支付。

　　4）代理银行办理资金清算。

　　5）预算单位使用资金。

典型例题

【例题 1·单选题】根据国库集中收付制度的规定，用于财政直接支付和与国库单一账户支出清算的账户是（　　　）。

A. 预算单位的零余额账户　　　　　　　　B. 财政部门的零余额账户

C. 预算外财政资金专户　　　　　　　　　D. 特设过渡性专户

【答案】B

【解析】财政部门的零余额账户用于财政直接支付和与国库单一账户清算。

【例题 2·多选题】下列支出，实行财政直接支付的是（　　　）。

A. 中央对地方的专项转移支付

B. 拨付企业大型工程项目或大型设备采购的资金

C. 中央对地方的税收返还

D. 中央对地方的原体制补助、过渡期转移支付、结算补助等支出

【答案】ABCD

【解析】财政直接支付包括：①工资支出、购买支出以及中央对地方的专项转移支付。②转移支出（中央对地方专项转移支出除外），包括中央对地方的一般性转移支付中的税收返还、原体制补助、过渡期转移支付、结算补助等支出，对企业的补贴和未指明购买内容的某些专项支出等，支付到用款单位。

【例题3·单选题】 财政资金支出按照不同的支付主体分别实行财政直接支付和财政授权支付。实行财政直接支付的支出不包括（　　　）。

A. 工资支出　　　　　　　　　　B. 购买支出

C. 转移支出　　　　　　　　　　D. 零星支出

【答案】 D

【解析】 D属于财政授权支付。实行财政授权支付的支出包括未实行财政直接支付的购买支出和零星支出。

第五章 会计职业道德

章节简介

本章的知识点较多，考点比较集中，涉及所有的题型，在案例分析题中几乎是必考内容。会计职业道德包括会计职业道德概述、会计职业道德规范的主要内容、会计职业道德教育、会计职业道德建设组织与实施、会计职业道德的检查与奖惩五个方面的内容。由于道德并不是特定的法律，所以和前面的章节比起来，更多的是需要理解。

第一节 会计职业道德概述

考纲重点分布

一、会计职业道德概述	1. 职业道德的特征与作用	了解
	2. 会计职业道德概念与特征	熟悉
	3. 会计职业道德的功能与作用	了解
	4. 会计职业道德与会计法律制度的关系	了解

考点精解

一、职业道德的特征与作用

考点1　职业道德的概念

广义：从业人员在职业活动中应遵循的行为准则，涵盖了从业人员与服务对象、职业与职工、职业与职业之间的关系。

狭义：<u>在一定职业活动中应遵循的、体现一定职业特征的、调整一定职业关系的职业行为准则和规范。</u>

考点 2　职业道德的特征

1. 职业性（行业性）

职业道德的内容与职业实践活动紧密相连，反映特定职业活动对从业人员行为的道德要求。所以，职业道德的行业性很强，不具有全社会普遍的适用性。一定的职业道德只适用于一定的职业活动领域，有些具体的行业道德规范，只适用于本行业，其他行业不完全适用，或完全不适用。

2. 实践性

由于职业活动都是具体的实践活动，因此根据职业实践经验概括出来的职业道德规范具有较强的针对性、实践性，容易形成条文。它一般用行业公约、工作守则、行为须知、操作规程等具体的规章制度形式，来教育、约束本行业的从业人员，并且公之于众，让行业内外人员（包括服务对象）检查、监督，有的甚至被纳入法律规范，如《中国注册会计师职业道德基本准则》就是以财政部部门规范性文件的形式颁布的，可以直接指导、规范注册会计师的职业活动。

3. 继承性

职业道德与职业活动紧密相连，同样一种职业的服务对象、服务手段、职业利益、职业责任和义务在不同的社会经济发展阶段保持相对稳定，但职业道德属于社会意识形态的一种特殊形式，它又将随着社会经济关系的变化而变化，其核心内容将被继承和发扬。因此，职业道德具有较强的相对稳定性和历史继承性的特点。如教师"诲人不倦"、医生"救死扶伤"、商人"买卖公平"等道德要求，就在这些行业中世代相传，并且得到不断丰富和发展。

4. 多样性

社会上的职业复杂多样，职业道德与具体的职业相联系，因此有多少种职业就有多少种职业道德。如经商有"商德"、行医有"医德"、执教有"师德"、从艺有"艺德"等。

考点 3　职业道德的作用

1. 促进职业活动的有序进行

职业道德最主要的作用就是通过协调职业关系中的各种矛盾和差异，维护正常的职业活动秩序，促进职业活动的健康发展。

2. 对社会道德风尚产生积极的影响

道德能够通过劝善戒恶，并辅之以舆论的赞扬或谴责等方式，来塑造高尚的道德良心和道德情感，职业道德作为社会道德的一个重要组成部分，能够对社会道德风尚产生积极的影响。

二、会计职业道德概念与特征

考点 1　会计职业道德概念

会计职业道德是指在会计职业活动中应当遵循的、体现会计职业特征的、调整会计职业关系的职业行为准则和规范。

会计职业道德的含义包括以下几个方面：

1. 会计职业道德是调整会计职业活动中各种利益关系的手段

会计工作的性质决定了在会计职业活动中要处理方方面面的经济关系，包括单位与单位、单位与国家、单位与投资者、单位与债权人、单位与职工、单位内部各部门之间及单位与社会公众之间等经济关系，这些关系的实质是经济利益关系。

2. 会计职业道德具有相对稳定性

会计是一种专业技术性很强的职业。会计人员在从事会计职业的过程中，必须遵循其内在的客观经济规律和要求。由于人们面对共同的客观经济规律，因此，会计职业道德在社会经济关系的变迁中，始终保持自己的相对稳定性。

3. 会计职业道德具有广泛的社会性

会计信息质量直接影响着社会经济的发展和社会经济秩序的健康运行，会计职业道德必然受社会关注，具有广泛的社会性。

考点2 会计职业道德特征

1. 具有一定的强制性

我国会计职业道德中的许多内容都直接纳入会计法律制度，如我国的《会计法》、《会计基础工作规范》等都规定了会计职业道德的内容和要求。因此，会计职业道德是一种"思想立法"，它已经超出"应该这样做"的界限，跨入"必须这样做"的范围。

2. 较多关注公众利益

会计职业活动与社会公众利益密切相关是会计职业的一个显著特征，会计职业的特殊性对会计职业道德提出了更高的要求，要求会计人员客观公正，当发生道德冲突时要坚持准则，把社会公众利益放在第一位。

三、会计职业道德的功能与作用

考点1 会计职业道德的功能

1. 指导功能

会计职业道德具有指导具体会计行为的功能。在社会经济生活中，会计职业道德扮演着指导人们会计行为方向的"向导"角色。

2. 评价功能

会计职业道德具有通过评价方式来指导和纠正人们行为，协调人际关系、维护社会秩序的功能。会计职业道德能够通过"评价—命令"方式，激发会计人员的积极性和主动性，帮助会计人员提高认识本行业中一系列重大理论和实践问题的水平，促进会计人员自我肯定、自我发展、自我完善，推动会计人员的会计行为从"现有行为"向"应有行为"转化，及时有效调节会计关系。

3. 教化功能

会计职业道德通过评价、命令、指导、示范等方式和途径，运用塑造理想人格和典型榜样等手段，形成会计职业道德风尚，树立会计职业道德榜样等方式，来深刻影响人们的会计职业道德观念和会计行为，培养人们的会计职业道德习惯和道德品质，启迪人们的会计职业道德觉悟，培养人们践行会计职业道德行为的自觉性和主动性。

考点2 会计职业道德的作用

1. 会计职业道德是规范会计行为的基础

动机是行为的先导，有什么样的动机就有什么样的行为。会计职业道德对会计行为动机提出了相应的要求，如诚实守信、客观公正等，引导、规劝、约束会计人员树立正确的职业观念，建立良好的职业品行，从而达到规范会计行为的目的。

2. 会计职业道德是实现会计目标的重要保证

会计人员只有严格遵守职业道德规范，才能及时提供有关的、可靠的会计信息，反映企业管理层受托责任履行情况，有助于财务会计报告使用者作出经济决策。因此，会计职业道德规范约束着会计人员的职业行为，是实现会计目标的重要保证。

3. 会计职业道德是对会计法律制度的重要补充

会计法律制度是会计职业的最低要求，只能对会计人员不得违法的行为作出规定，不宜对他们如何爱岗敬业、提高技能、强化服务等提出具体要求，但是，如果会计人员缺乏爱岗敬业的热情和态度，没有必需的职业技能和服务意识，则很难保证会计信息达到真实、完整的法定要求。因此，会计职业道德是对会计法律制度的重要补充，其作用是会计法律制度所不能替代的。

4. 会计职业道德是提高会计人员职业素养的内在要求

社会的进步和发展，对会计职业者的素质要求越来越高，会计职业道德是会计人员素质的重要体现。一个高素质的会计人员应当做到爱岗敬业、诚实守信，提高专业胜任能力，这不仅是会计职业道德的主要内容，也是会计职业者遵循会计职业道德的可靠保证。倡导会计职业道德，加强会计职业者进一步加强自我修养、提高专业胜任能力，有利于促进会计职业者整体素质的不断提高。

四、会计职业道德与会计法律制度的关系

会计职业道德与会计法律制度都属于会计人员行为规范的范畴，二者既有联系，也有区别。

考点1 会计职业道德与会计法律制度的关系

会计职业道德和会计法律制度有着共同的目标、相同的调整对象，承担着同样的职责，两者联系密切。主要表现在：

1. 两者在作用上相互补充，相互协调

会计法律制度强制规范了基本的会计行为，但有些无法或者不宜由会计法律制度进行规范的行为，可通过会计职业道德规范来实现，因此，在规范会计行为中，不能仅仅依赖会计法律制度的强制功能而忽视会计职业道德的教化功能。

2. 两者在内容上相互借鉴、相互吸收

最初的会计职业道德规范就是对会计职业行为约定俗成的基本要求，后来制定的会计法律制度吸收了这些基本要求，便形成了会计法律制度，会计法律制度中含有会计职业道德规范的内容，同时，会计职业道德规范中也包含会计法律制度的某些条款。

总之，会计法律制度和会计职业道德在实施过程中相互作用，会计职业道德是会计法律制度正常运行的社会和思想基础，会计法律制度是促进会计职业道德规范形成和遵守的制度保障。

【提示】会计法律制度是会计职业道德的最低要求。

考点2 会计职业道德与会计法律制度的区别

1. 性质不同

会计法律反映统治者的意志和愿望，具有很强的他律性；而会计职业道德并不都代表统治者的意志，很多来自职业习惯和约定俗成，具有很强的自律性。

2. 作用范围不同

会计法律制度侧重调整会计人员的外在行为和结果的合法化，具有较强的客观性；会计职业道德不仅要求调整会计人员的外在行为，还要调整会计人员内在的精神世界，其调节的范围远比法律广泛。

【提示】可以这么理解，受到会计职业道德谴责的，不一定受到会计法律的制裁；而受到会计法律制裁的，一般都会受到道德的谴责（某些过失犯罪除外）。

3. 表现形式不同

会计法律制度的表现形式是具体的、明确的、正式形成文字的成文条例；而会计职业道德的表现形式既有明确成文的规定，也有不成文的只存在于会计人员内心的意识和信念。

4. 实施保障机制不同

会计法律制度由国家强制力保障实施；会计职业道德既有国家法律的相应要求，又需要会计人员的自觉遵守。

5. 评价标准不同

会计法律制度是以会计人员享有的权利和义务为标准来判定其行为是否违法；而会计职业道德则以善恶为标准来判定会计人员的行为是否违背道德规范。

典型例题

【例题1·多选题】下列关于会计职业道德和会计法律制度二者关系的观点中，正确的有（   ）。

A. 两者在实施过程中相互作用、相互补充

B. 会计法律制度是会计职业道德的最低要求

C. 违反会计法律制度一定违反会计职业道德

D. 违反会计职业道德也一定违反会计法律制度

【答案】ABC

【解析】本题考核会计职业道德和会计法律制度的关系。

【例题2·多选题】会计职业道德与会计法律制度存在很大区别，下列表述错误的有（   ）。

A. 会计职业道德不仅要求调整会计人员的外在行为，还要求调整会计人员内在的精神世界

B. 会计职业道德主要依靠会计人员的自觉性

C. 会计法律制度既有成文的规定，也有不成文的规范

D. 会计职业道德侧重调整会计人员的外在行为和结果的合法化

【答案】CD

【解析】本题考核会计职业道德与会计法律制度的区别。

第二节 会计职业道德规范的主要内容

考纲重点分布

二、会计职业道德规范的主要内容	1. 爱岗敬业	掌握
	2. 诚实守信	掌握
	3. 廉洁自律	掌握
	4. 客观公正	掌握
	5. 坚持准则	掌握
	6. 提高技能	掌握
	7. 参与管理	掌握
	8. 强化服务	掌握

考点精解

考点1 爱岗敬业

1. 含义

爱岗敬业指的是忠于职守的事业精神，这是会计职业道德的基础。爱岗就是会计人员应该热爱自己的本职工作，安心于本职岗位。敬业就是会计人员应该充分认识本职工作在社会经济活动中的地位和作用，认识本职工作的社会意义和道德价值，具有会计职业的荣誉感和自豪感，在职业活动中具有高度的劳动热情和创造性，以强烈的事业心、责任感，从事会计工作。

爱岗敬业是爱岗与敬业的总称。爱岗和敬业互为前提，互相支持、相辅相成。爱岗是敬业的基石，敬业是爱岗的升华。

【提示】爱岗敬业是会计职业道德的基础。

2. 爱岗敬业的基本要求

（1）正确认识会计职业，树立职业荣誉感。这是爱岗敬业的前提，也是首要要求。会计人员只有正确地认识会计本质，明确会计在经济管理工作中的地位和重要性，树立职业荣誉感，才有可能去爱岗敬业。

（2）热爱会计工作，敬重会计职业。这是做好本职工作的前提。会计人员只要树立了"干一行，爱一行"这种思想，就会发现会计职业中的乐趣；只有树立"干一行，爱一行"的思想，才会刻苦钻研会计业务技能，才会努力学习会计业务知识，才会全身心地投入会计事业。有了对本职工作的热爱，才能激发自身的敬业精神，不断改进自己的工作，在平凡的岗位上作出不平凡的业绩。

（3）<u>安心工作，任劳任怨</u>。只有安心于本职岗位，才能真正做到敬业，才能成为真正的行家里手。任劳任怨，要求会计人员具有不怕吃苦、不计较个人得失的思想境界。做好会计工作需要踏踏实实的精神，只有安心本职工作，才能潜下心来"<u>勤学多思，勤问多练</u>"。如果没有脚踏实地的精神，好高骛远，"<u>这山看着那山高</u>"，就不可能成长为优秀的会计人才。

（4）<u>严肃认真，一丝不苟</u>。会计工作是项严肃细致的工作，没有严肃认真的工作态度和一丝不苟的工作作风，就可能出偏差。对一些损失浪费、违法乱纪的行为和一切不合法、不合理的业务开支，要严肃认真地对待，把好关，守好口。

（5）<u>忠于职守，尽职尽责</u>。<u>忠于职守主要表现为三个方面，即忠实于服务主体、忠实于社会公众、忠实于国家</u>。尽职尽责具体表现为会计人员对自己应承担的责任和义务，所表现出的是一种责任感和义务感，这种责任感和义务感包含两方面内容：一是社会或他人对会计人员规定的责任；二是会计人员对社会或他人所负的道义责任。

考点2　诚实守信

1. 含义

诚实是指言行和内心思想一致，不弄虚作假，不欺上瞒下。做老实人，说老实话，办老实事。守信就是遵守自己所做出的承诺，讲信用、重信用，信守诺言，保守秘密。

中国现代会计之父潘序伦先生认为，"诚信"是会计职业道德的重要内容。他终身倡导"信以立志，信以守身，信以待人，毋忘'立信'，当必有成"，并将其作为立信会计学校的校训。

朱镕基在2001年视察北京国家会计学院时，为北京国家会计学院题词："<u>诚信为本，操守为重，坚持准则，不做假账</u>。"这是对广大会计人员和注册会计师<u>最基本的</u>要求。

在现代市场经济社会，"诚信"尤为重要。市场经济是"信用经济"、"契约经济"，注重的就是"诚实守信"。可以说，信用是维护市场经济步入良性发展轨道的前提和基础，是市场经济社会赖以生存的基石。

【提示】诚实守信是做人的<u>基本准则</u>，是人们在古往今来的交往中产生出的<u>最根本的道德规范</u>，也是会计职业道德的精髓。

2. 诚实守信的基本要求

（1）<u>做老实人，说老实话，办老实事，不搞虚假</u>。会计人员应言行一致，实事求是，正确核算，尽量减少和避免各种失误，不为个人和小集团利益伪造账目，弄虚作假，损害国家和社会公众利益。会计人员诚实守信的道德观念如何，将直接影响会计信息的真实性和完整性。

（2）<u>保密守信，不为利益所诱惑</u>。保密守信是指会计人员在履行自己的职责时，应树立保密观念，做到保守商业秘密，对机密资料不外传、不外泄，守口如瓶。<u>秘密主要有国家秘密、商业秘密和个人隐私三类</u>。在市场经济中，秘密可以带来经济利润，但是会计人员应该不为利益所诱惑。<u>除法律规定和单位领导人同意外，不能私自向外界提供或者泄露单位的会计信息</u>。

（3）<u>执业谨慎，信誉至上</u>。要求会计人员在工作中应保持谨慎态度，对客户和社会公众尽职尽责，形成"<u>守信光荣、失信可耻</u>"的氛围，以维护职业信誉。这一要求对注册会计师尤为重要。

考点3 廉洁自律

1. 含义

廉洁就是不收受贿赂、不贪污钱财，保持清白。自律是指自我约束、自我控制、自觉地抵制自己的不良欲望。<u>廉洁是自律的基础，自律是廉洁的保证</u>。

2. 廉洁自律的基本要求

（1）<u>树立正确的人生观和价值观。</u>会计人员应当树立科学的人生观和价值观，自觉抵制享乐主义、个人主义、拜金主义等错误的思想，淡泊名利，洁己心正。这是在会计工作中做到廉洁自律的思想基础。

（2）<u>公私分明，不贪不占。</u>公私分明是指严格划分公与私的界线，公是公，私是私。如果公私分明，就能够廉洁奉公、一尘不染，做到"<u>常在河边走，就是不湿鞋</u>"。

不贪不占是指会计人员不贪图金钱和物质享受，不利用职务之便贪污受贿，做到"<u>理万金分文不沾</u>"。

（3）<u>遵纪守法，一身正气。</u>遵纪守法要求会计人员遵守纪律和法律，尤其要遵守职业纪律和与职业活动相关的法律法规，增强抵制行业不正之风的能力，做到一身正气，两袖清风。<u>遵纪守法是廉洁自律的基本保证。</u>

【提示】廉洁自律是会计职业道德的<u>前提和内在要求</u>，是会计职业声誉的"<u>试金石</u>"，是会计人员必备的行为品德，是会计职业道德的<u>灵魂</u>。

考点4 客观公正

1. 含义

客观是指按事物的本来面目去反映，不掺杂个人的主观意愿，也不为他人意见所左右。公正就是平等、公平正直，没有偏失。客观是公正的基础，公正是客观的反映。<u>要达到公正，仅仅做到客观是不够的。</u>

客观主要包括两层含义：①<u>真实性</u>，以客观事实为依据，真实地记录和反映实际经济业务事项；②<u>可靠性</u>，会计核算要准确，记录要可靠，凭证要合法。

公正主要包括三层含义：①国家的会计准则、制度要公正；②执行会计准则、制度的人要公正；③注册会计师在进行审计时要公正。

【提示】客观公正是会计职业道德所追求的<u>理想目标</u>。

2. 客观公正的基本要求

（1）<u>依法办事。认真遵守法律法规，是会计工作保证客观公正的前提。</u>

（2）<u>实事求是。</u>要求会计人员从实际对象出发，<u>按照事物的实际情况办事</u>，在需要进行职业判断时，应保持客观公正的态度，实事求是、不偏不倚。

（3）<u>如实反映。要求会计人员客观反映事物的本来面貌</u>，不夸大、不缩小、不隐瞒，如实反映和披露单位经济业务事项，<u>如实反映是客观公正的最基本要求。</u>

考点5 坚持准则

1. 含义

<u>坚持准则是指会计人员在处理业务过程中，要严格按照会计法律制度办事，不为主观或他人意志左右。</u>这里所说的"准则"不仅指会计准则，而且包括会计法律、国家统一的会计制度以及与会计工作相关的法律制度。

2. 坚持准则的基本要求

（1）**熟悉准则**。会计人员不仅应当熟练掌握《会计法》和国家统一的会计准则制度，而且清楚地知道与会计相关的法律制度，这是坚持准则、遵循准则的前提。只有熟悉准则，才能按准则办事，才能遵纪守法，才能保证会计信息的真实性、完整性。

（2）**遵循准则，即执行准则**。会计人员在会计核算和监督时要自觉地严格遵守各项准则，将单位具体的经济业务事项与准则对照，先作出是否合法合理的判断，对不合法的经济业务不予处理。

（3）敢于同违法行为作斗争。会计人员应认真执行国家统一的会计准则制度，依法履行会计监督职责。发生道德冲突时，应坚持准则，对法律负责、对国家和社会公众负责，敢于同违反会计法律制度和财务制度的现象作斗争，确保会计信息的真实性、完整性。

【提示】坚持准则是会计职业道德的核心。

考点6 提高技能

1. 含义

提高技能是指会计人员通过学习、培训和实践等途径，持续提高会计职业技能，以达到和维持足够的专业胜任能力的活动。作为一名会计工作者必须不断地提高其职业技能，这既是会计人员的义务，也是职业活动中做到客观公正、坚持准则的基础，是参与管理的前提。

会计职业技能包括会计理论水平、会计实务能力、职业判断能力、自动更新知识能力、提供会计信息的能力、沟通交流能力以及职业经验等。

2. 提高技能的基本要求

（1）具有不断提高会计专业技能的意识和愿望。会计人员要适应时代发展的步伐，就要有危机感、紧迫感，要有不断提高专业技能的愿望和要求。只有具备不断提高会计专业技能的意识和愿望，会计人员才能不断进取，主动求知，掌握过硬的本领，在会计人才竞争中立于不败之地。

（2）具有勤学苦练的精神和科学的学习方法。专业技能的提高和学习不可能是一劳永逸之事，必须持之以恒，不间断地学习、充实和提高，"活到老学到老"。只有锲而不舍的"勤学"精神，同时掌握科学的学习方法，在学中思，在思中学，在实践中不断锤炼，才能不断地提高自己的业务水平，才能推动会计工作和会计职业的发展，以适应不断变化的新形势和新情况的需要。

【提示】提高技能是会计人员在职业活动中做到客观公正、坚持准则的基础，是参与管理的前提。

考点7 参与管理

1. 含义

参与管理是指间接参加管理活动，为管理者当参谋，为管理活动服务。会计管理是企业管理的重要组成部分，在企业管理中具有十分重要的作用。但会计工作的性质决定了会计在企业管理活动中，更多的是从事间接管理活动。参与管理要求会计人员积极主动地向单位领导反映本单位的财务、经营状况及存在问题，主动提出合理化建议，积极地参与市场调研和预测，参与决策方案的制定和选择，参与决策的执行、检查和监督，为领导的经营管理和决策活动，当好助手和参谋。

2. 参与管理的基本要求

（1）努力钻研相关业务，熟悉财经法规和相关制度，提高业务技能，为参与管理打下坚实的基础。娴熟的业务、精湛的技能，是会计人员参与管理的前提。会计人员只有努力钻研业务，不断提高业务技能，深刻领会相关制度，才能有效地参与管理，为改善经营管理，提高经济效益服务。

（2）熟悉服务对象的经营活动和业务流程，使管理活动更具针对性和有效性。会计人员应当了解本单位的整体情况和行业发展前景，特别是要熟悉本单位的生产经营、业务流程和管理情况，主动提出合理化建议，协助领导决策，积极参与管理。

考点8 强化服务

1. 含义

强化服务要求会计人员具有文明的服务态度、强烈的服务意识和优良的服务质量。会计职业强化服务的结果，就是奉献社会。如果说爱岗敬业是会计职业道德的出发点，那么，强化服务、奉献社会就是会计职业道德的归宿点。

2. 强化服务的基本要求

（1）强化服务意识。为管理者服务、为所有者服务、为社会公众服务、为人民服务。

（2）提高服务质量。强化服务的关键是提高服务质量。会计人员服务质量的表现有：是否真实记录单位的经济活动，向有关方面提供可靠的会计信息；是否主动地向单位领导反映经营活动情况及存在的问题，提出合理化建议，协助领导决策，参与经营管理活动。

在会计工作中提供上乘的服务质量，并非是无原则地满足服务主体的需要，而是在坚持原则、坚持会计准则的基础上尽量满足用户或服务主体的需要。

【提示】强化服务是会计职业道德的归宿点。

总结： 会计职业道德的主要内容如表5-1所示。

表5-1 会计职业道德的主要内容

主要内容	地位	基本要求
爱岗敬业	基础	①正确认识会计职业，树立职业荣誉感 ②热爱会计工作，敬重会计职业 ③安心工作，任劳任怨 ④严肃认真，一丝不苟 ⑤忠于职守，尽职尽责
诚实守信	根本和精髓	①做老实人，说老实话，办老实事，不搞虚假 ②保密守信，不为利益所诱惑 ③执业谨慎，信誉至上
廉洁自律	前提和内在要求 （灵魂）	①树立正确的人生观和价值观 ②公私分明，不贪不占 ③遵纪守法，一身正气

续表

主要内容	地位	基本要求
客观公正	理想和目标	①依法办事 ②实事求是 ③如实反映
坚持准则	核心	①熟悉准则 ②遵循准则 ③敢于同违法行为作斗争
提高技能	参与管理的前提	①具有不断提高会计技能的意识和愿望 ②具有勤学苦练、刻苦钻研的精神和科学的学习方法
参与管理	—	①努力钻研业务，熟悉财经法规和相关制度，提高业务技能，为参与管理打下坚实的基础 ②熟悉服务对象的经营活动和业务流程，使参与管理的决策更具针对性和有效性
强化服务	归宿	①强化服务意识，树立文明服务形象 ②提高服务质量

典型例题

【例题1·单选题】下列各项中，属于会计职业道德精髓所在的是（　　）。

A. 廉洁自律　　　B. 诚实守信　　　C. 客观公正　　　D. 坚持准则

【答案】B

【解析】诚实守信是会计职业道德的精髓。

【例题2·多选题】会计职业道德的内容之一，就是要"坚持准则"，这里的"准则"包括（　　）。

A. 会计法律　　　B. 会计法规　　　C. 会计制度　　　D. 会计准则

【答案】ABCD

【解析】本题考核会计职业道德的"坚持准则"。

【例题3·单选题】公司会计小李不仅熟悉会计电算化业务，而且对利用现代信息技术加强经营管理颇有研究。小李向公司建议开辟电子业务洽谈，并实行优惠折扣政策。公司采纳了小李的建议，销售额出现了持续的增长。小李的行为体现出会计职业道德有（　　）。

A. 爱岗敬业，参与管理　　　　　B. 爱岗敬业，坚持准则

C. 爱岗敬业，廉洁自律　　　　　D. 提高技能，强化服务

【答案】A

【解析】本题考核会计职业道德的具体内容。

【例题4·单选题】某公司资金紧张，需向银行贷款500万元。公司经理请张会计对公司提供给银行的会计报表进行技术处理。张会计很清楚公司目前的财务状况和偿债能力，做这种技术处理是很危险的，但在经理的反复开导下，张会计感恩于经理平时对自己

照顾，于是编制了一份经过技术处理后漂亮的会计报告，公司获得了银行的贷款。下列对张会计的行为的认定中正确的是（   ）。

A. 张会计违反了爱岗敬业，客观公正的要求

B. 张会计违反了参与管理，坚持准则的要求

C. 张会计违反了客观公正，坚持准则的要求

D. 张会计违反了强化服务，客观公正的要求

【答案】C

【解析】本题考核会计职业道德的具体内容。

第三节　会计职业道德教育

考纲重点分布

三、会计职业道德教育	1. 会计职业道德教育的含义	了解
	2. 会计职业道德教育的形式	了解
	3. 会计职业道德教育的内容	了解
	4. 会计职业道德教育途径	熟悉

考点精解

考点1　会计职业道德教育的含义

会计职业道德教育，是指为了促使会计人员正确履行会计职能，而对其施行有目的、有计划、有组织、有系统的道德教育活动。会计职业道德教育有利于提高会计人员的道德水平，有利于培养会计人员的职业情感，有利于树立会计职业道德信念，使会计职业健康发展。

考点2　会计职业道德教育的形式

1. 接受教育

接受教育是外在教育，是指通过接受学校或培训单位等对会计人员进行以职业责任、职业义务为核心内容的正面教育，来规范其职业行为，维护国家和社会公众利益的教育。

2. 自我修养

自我修养是内在教育，自我修养是指会计从业人员自我学习、自我改造、自身道德修养的行为活动。

自我修养是把外在的职业道德的要求，逐步转变为会计人员内在的职业道德情感、职业道德意志和职业道德信念。

【提示】内在教育（自我教育）的内容包括职业义务教育，职业荣誉教育，职业节操教育。

考点3 会计职业道德教育的内容

1. 会计职业道德观念教育

普及会计职业道德基础知识，是会计职业道德教育的"基础"。会计职业道德观念教育是指在社会上广泛宣传会计职业道德的基本常识，增强会计人员的职业义务感和职业荣誉感，培养良好的职业节操，形成"遵守会计职业道德光荣，违背会计职业道德可耻"的风尚。

2. 会计职业道德规范教育

会计职业道德规范教育是指对会计人员开展以会计职业道德规范为内容的教育。会计职业道德规范的主要内容是爱岗敬业、诚实守信、廉洁自律、客观公正、坚持准则、提高技能、参与管理和强化服务等。这是会计职业道德教育的核心内容，应贯穿会计职业道德教育的始终。

3. 会计职业道德警示教育

会计职业道德警示教育是指通过开展对违法会计行为典型案例的讨论与剖析，给会计人员以启发和警示，从而可以提高会计人员的法律意识和会计职业道德观念，提高会计人员辨别是非的能力。

4. 其他教育

其他与会计职业道德相关的教育包括形势教育、品德教育、法制教育等。

（1）形势教育的重点是要贯彻"以德治国"重要思想和"诚信为本、操守为重、坚持准则、不做假账"的指示精神，进一步全面、系统地加强会计职业道德培训，提高广大会计人员的政治水平和思想道德意识。

（2）品德教育的重点是引导会计人员自觉地用会计职业道德规范指导和约束自身的行为，提高职业道德自律能力，最终形成良好的、稳定的道德品行。

（3）法制教育的重点是引导会计人员熟悉并了解不同历史时期的会计法律法规政策，学会运用法律的手段处理会计事务。

考点4 会计职业道德教育途径

1. 接受教育的途径

（1）岗前职业道德教育。对将要从事会计职业的人们进行的道德教育，包括会计专业学历教育及获取会计从业资格中的职业道德教育。教育的侧重点应放在职业观念、职业情感及职业规范等方面。

（2）岗位职业道德继续教育。对已进入会计职业的会计人员进行的继续教育。会计职业道德教育应贯穿整个会计人员继续教育的始终。

会计人员继续教育中的会计职业道德教育目标是适应新的市场经济形势的发展变化，在不断更新、补充、拓展会计人员业务能力的同时，使其政治素质、职业道德水平不断提高。

2. 自我修养的途径

会计职业道德修养虽然是道德品质和思想素质方面的自我锻炼，但绝非指"闭门思过"。我们所说的修养，是指在社会实践中的自我锻炼。只有在社会实践中不断磨炼，才能不断提高会计职业道德修养。

自我修养的途径主要是慎心，坚守心灵，不被诱惑，具体包括：

（1）慎独慎欲。

1）慎独：一个人单独处事、无人监督的情况下仍能坚持自觉地按照道德准则去办事。古人云："古之成大器者，无不慎独"。慎独是加强会计职业道德修养的优良传统方法。会计职业道德的最高境界是做到"慎独"。

2）慎欲：用正当的手段获得物质利益。一是要把国家、社会公众和集体利益放在首位，在追求自身利益的时候，不损害国家和他人利益。二是做到节欲，对利益的追求要适度适当，要合理合法，反对不正当手段达成利己的目的。

（2）慎省慎微。

1）慎省：通过自我反思、自我解剖、自我总结而发扬长处、克服短处，不断地自我升华、自我超越。

2）慎微：在微处、小处自律，从微处小处着眼，积小善成大德。慎微，首先要求从微处自律，俗话说："千里之堤，溃于蚁穴"；其次要求从小事着手，从一点一滴的小事做起，日积月累，从而获得良好的信誉。

（3）自警自励。

1）自警：随时警醒、告诫自己，要警钟长鸣，防止各种不良思想对自己的侵袭。

2）自励：以崇高的会计职业道德理想、信念激励自己、教育自己。

典型例题

【例题1·多选题】会计职业道德教育的途径（　　）。

A. 在学历教育中进行职业道德教育　　B. 在会计继续教育中进行职业道德教育

C. 利用国家强制力实施会计职业道德教育　　D. 参加会计师职称考试

【答案】AB

【解析】本题考核会计职业道德教育的途径。我国会计职业道德教育途径包括两个方面：①岗前职业道德教育（包括会计学历教育中的职业道德教育和获取会计从业资格证中的职业道德教育）；②岗位职业道德继续教育。

【例题2·多选题】下列各项中，属于会计职业道德教育内容的有（　　）。

A. 会计职业道德观念教育　　B. 会计职业道德规范教育

C. 会计职业道德警示教育　　D. 其他与会计职业道德相关的教育

【答案】ABCD

【解析】本题考核会计职业道德教育的内容。

第四节　会计职业道德建设组织与实施

考纲重点分布

四、会计职业道德建设组织与实施	1. 财政部门的组织推动	了解
	2. 会计行业的自律	了解
	3. 企事业单位的内部监督	了解
	4. 社会各界的监督与配合	了解

考点精解

一、财政部门的组织推动

各级财政部门应当负起组织和推动本地区会计职业道德建设的责任，把会计职业道德建设与会计法制建设紧密结合起来。

二、会计行业的自律

会计职业组织起着联系会员与政府的桥梁作用，应充分发挥<u>中国会计学会、中国注册会计师协会</u>等会计职业组织的作用，改革和完善会计职业组织自律机制，有效发挥自律机制在会计职业道德建设中的促进作用。

三、企事业单位的<u>内部监督</u>

企事业单位是职业道德建设的基层组织，在职业道德建设中发挥着至关重要的基础性作用。因此，<u>各单位应加强内部监督，形成内部约束机制，防范舞弊和经营风险，支持并督促会计人员遵循会计职业道德，依法开展会计工作。</u>

四、社会各界的监督与配合

加强会计职业道德建设，既是提高广大会计人员素质的一项基础性工作，又是一项复杂的社会系统工程。它不仅是某一个单位、某一个部门的任务，也是各地区、各部门、各单位的共同责任。广泛开展会计职业道德的宣传教育，加强舆论监督，在全社会会计人员中倡导诚信为荣、失信为耻的职业道德意识，引导会计人员加强职业修养。

典型例题

【例题1·多选题】会计职业道德建设的组织与实施应依靠（　　）。

A. 财政部门的组织与推动　　　　　B. 会计职业组织的行业自律

C. 社会舆论监督形成良好的社会氛围　D. 公安局的监督检查

【答案】ABC

【解析】公安局针对触犯法律的行为。

【例题2·单选题】下列关于会计职业道德建设组织与实施表述中，不正确的是（　　）。

A. 财政部门的组织推动　　　　　B. 会计行业的自律

C. 企事业单位的奖励　　　　　　D. 社会各界的监督与配合

【答案】C

【解析】会计职业道德建设的组织与实施应依靠：财政部门的组织推动；会计职业组织的行业自律；企事业单位的内部监督；社会各界的监督与配合。

第五节 会计职业道德的检查和奖惩

考纲重点分布

五、会计职业道德的检查和奖惩	1. 会计职业道德检查与奖惩的意义	了解
	2. 会计职业道德检查与奖惩机制	了解
	3. 企事业单位的内部监督	了解
	4. 社会各界的监督与配合	了解

考点精解

一、会计职业道德检查与奖惩的意义

开展会计职业道德检查与奖惩是道德规范付诸实施的必要方式，也是促使道德力量发挥作用的必要手段，具有重要的现实意义。

1. 促使会计人员遵守职业道德规范

奖惩机制利用人类趋利避害的特点，以利益的给予或剥夺为砝码，对会计人员起着引导或威慑的作用，会计行为主体不论出于何种动机，都必须遵循会计职业道德规范，否则将受到相应的惩罚或谴责。奖惩机制把会计职业道德要求与个人利益结合起来，体现了权利与义务统一的原则。

2. 裁决与教育作用

作为会计人员哪些会计行为是对的，哪些会计行为是不对的，均可通过会计职业道德的检查与奖惩作出裁决。在这里，会计职业道德的检查与奖惩起着道德法庭的作用。它是运用各种会计法规、条例及道德要求等一系列标准，鞭笞违反道德的行为，同时褒奖那些符合职业道德要求的行为，并使其发扬光大。因此，通过会计职业道德的检查与奖惩，使广大会计人员生动而直接地感受到道德的价值分量，其教育的作用是不可低估的。

3. 形成抑恶扬善的社会环境

会计职业道德是整个社会道德的一部分，因此，会计职业道德的好坏，对社会道德环境的优劣产生一定的影响；社会道德环境的好坏，同样也影响着会计的职业行为。

二、会计职业道德检查与奖惩机制

考点1 财政部门的监督检查

财政部门的监督检查主要措施：

1. 执法检查与会计职业道德检查相结合

财政部门作为《中华人民共和国会计法》的执法主体，一方面督促各单位严格执行

会计法律制度；另一方面也是对各单位会计人员执行会计职业道德情况的检查和检验。

改革开放以来，我国财政部经常开展全国性的财经大检查。2001 年 1 月，财政部在全国范围内组织开展了《会计法》执行情况的检查。财政部门对执法检查中查出的违法违规行为，在《会计法》等法律中有较详细的处理规定。有违反《会计法》的行为，同时也一定是违反了会计职业道德要求的行为。会计人员若存在这种行为，不仅要承担《会计法》规定的法律责任，受到行政处罚或刑事处罚，而且必须接受相应的道德制裁，道德制裁可以采取在会计行业范围内通报批评、指令其参加一定学时的继续教育课程、暂停从业资格、在行业内部的公开刊物上予以曝光等方式。法律惩罚和道德惩罚两者是并行不悖的、不可替代的，应同时并举。

2. 会计从业资格证书注册登记和年检与会计职业道德检查相结合

会计从业资格证书实行定期年检制度，年检时审查的内容包括持证人员遵守财经纪律、法规和会计职业纪律情况，依法履行会计职责情况。不符合有关规定的不予通过年检。

《会计基础工作规范》第 24 条规定，财政部门、业务主管部门和各单位应当定期检查会计人员遵守职业道德的情况，并作为会计人员晋升、晋级、聘任专业职务、表彰奖励的重要考核依据。会计人员违反职业道德的，由所在单位进行处罚；情节严重的，由会计从业资格证书发证机关吊销其会计从业资格证书。

3. 会计专业技术资格考评、聘用与会计职业道德检查相结合

报考各级会计专业技术资格的会计人员，均要求"坚持原则，具备良好的职业道德品质"，会计专业技术资格考试管理机构在组织报名时，应对参加报名的会计人员职业道德情况进行检查。对有不遵守会计职业道德记录的，应取消其报名资格。

4. 与会计人员表彰奖励制度相结合

各级财政部门在表彰奖励会计人员时，不仅要考查工作业绩，还应考查会计职业道德遵守情况。

考点2　会计行业组织的自律管理和约束

对会计职业道德情况的检查，除了依靠政府监管外，行业自律也是一种重要手段。会计行业自律是一个群体概念，是会计职业组织对整个会计职业的会计行为进行自我约束、自我控制的过程。建立健全会计人员行业自律管理制度，是政府对会计人员进行宏观管理的必要补充。

会计行业组织以行业诚信建设为主线，充分履行行业协会"服务、监督、管理、协调"的职责，发挥协会在行业自律管理和服务等方面的专业优势，通过对整个会计行业的会计行为进行自我约束、自我控制，有助于督促会计人员依法开展会计工作，树立良好的行业风气，促进行业的发展。

考点3　激励机制的建立

《会计法》规定，对认真执行本法，忠于职守，坚持原则，作出显著成绩的会计人员，给予精神的或者物质的奖励。1988 年 6 月，财政部印发《颁发会计人员荣誉证书试行规定》，为在全民所有制企业、事业单位、国家机关、军队、社会团体、县级以上集体所有制企业、事业单位以及中外合资、合作和外资经营企业从事财务工作满 30 年的会计人员颁发《会计人员荣誉证书》。

典型例题

【例题1·多选题】下列各项中，属于各级财政部门对会计职业道德情况实施必要的行政监管主要措施有（　　）。

A. 执法检查与会计职业道德检查相结合

B. 注册会计师考评与会计职业道德检查相结合

C. 会计专业技术资格考评、聘用与会计职业道德检查相结合

D. 会计从业资格证书注册登记和年检与会计职业道德检查相结合

【答案】ACD

【解析】各级财政部门对会计职业道德情况实施必要的行政监管主要措施有：①执法检查与会计职业道德检查相结合；②会计从业资格证书注册登记和年检与会计职业道德检查相结合；③会计专业技术资格考评、聘用与会计职业道德检查相结合；④与会计人员表彰奖励制度相结合。

【例题2·单选题】下列各会计法律规范中，规定对忠于职守，坚持原则，作出显著成绩的会计人员，给予精神的或者物质的奖励的是（　　）。

A. 《会计法》　　　　　　　　　B. 《注册会计师法》

C. 《会计基础工作规范》　　　　D. 《会计从业资格管理办法》

【答案】A

【解析】《会计法》规定，对认真执行本法，忠于职守，坚持原则，作出显著成绩的会计人员，给予精神的或者物质的奖励。

【例题3·多选题】下列各项中，属于会计职业道德检查与奖惩的主要意义有（　　）。

A. 具有裁决与教育作用　　　　　B. 具有保护会计人员的作用

C. 有利于形成抑恶扬善的社会环境　D. 具有促使会计人员遵守职业道德规范的作用

【答案】ACD

【解析】会计职业道德检查与奖惩的意义有：①促使会计人员遵守职业道德规范；②裁决与教育作用；③形成抑恶扬善的社会环境。